: **mairisch** mono

[mairisch 75]
1. Auflage, 2020
© mairisch Verlag 2020

Lektorat: Daniel Beskos, Nefeli Kavouras, Peter Reichenbach
Korrektorat: Annegret Schenkel | www.korrektorat-schenkel.de
Reihengestaltung: Chris Campe | www.allthingsletters.com
Cover: Carolin Rauen | www.carolinrauen.com
Autorenfoto: Martina Steber
Druck: Beltz Grafische Betriebe

Gedruckt in Deutschland
Alle Rechte vorbehalten

ISBN Buch: 978-3-938539-59-0
ISBN E-Book: 978-3-938539-64-4
www.mairisch.de

Marc Degens

TORONTO

Aufzeichnungen aus Kanada

Inhalt

Ankommen	8
Eisberge	15
Königinnen	38
Wasserflugzeuge	67
Gehen	97

Einleitung

Seit ich als Gast am Festival *New Literature from Europe* in New York teilgenommen hatte, wollte ich unbedingt eine längere Zeit in Nordamerika leben. Als sich Alexandra, meiner Frau, die Möglichkeit bot, für einige Jahres das Auslandsbüro des Deutschen Akademischen Austauschdienstes (DAAD) in Kanada zu leiten, waren wir sofort Feuer und Flamme. Ihre Tätigkeit war mit vielen Reisen durch Kanada verbunden, und so oft es ging, versuchte ich sie zu begleiten. Ansonsten kümmerte ich mich um die Belange meines Verlags SUKULTUR, den ich vor vielen Jahren mit zwei Freunden gegründet hatte, und schrieb. Das Ende eines Romans und den Anfang eines neuen. Und dieses Buch. Dass man überall arbeiten kann, ist gewiss einer der größten Vorzüge am Schriftstellerdasein. Wahrscheinlich bin ich überhaupt nur deshalb Schriftsteller geworden.

Ankommen (2014)

Samstag, 2. August, Bonn/Toronto (Ontario)

Um 5 Uhr Wecker, um 6 Uhr zum Flughafen. Flug nach Amsterdam, dann hektischer Wechsel zum Flugzeug nach Toronto. Angenehmer, knapp siebeneinhalbstündiger Flug. Ich kann sogar ein bisschen schreiben und die SUKULTUR-Lagerliste aktualisieren. Mit dem Taxi in unsere Zwischenmietwohnung in der Stewart Street. Der Vermieter ist nett und die Wohnung okay. Zwei Riesenfernsehapparate, viele schöne, teure Möbel, insgesamt ist sie allerdings etwas unpraktisch eingerichtet, mit viel Schnickschnack und kaum Ablageflächen. Wegen der Basement-Lage ist die Wohnung zudem recht dunkel, etwas feucht und leicht muffig. Übermüdetes Auspacken, dabei verstreue ich eine halbe Packung Kaffee im Koffer. Anschließend kehren Alexandra und ich in ein japanisches Restaurant in der Spadina Avenue ein und ich bestelle eine viel zu scharfe Ramensuppe. Hinterher zurück in die Wohnung. Ein bisschen zappen und um kurz nach 21 Uhr Schlaf.

Sonntag, 3. August

Bis 6 Uhr geschlafen. Duschen, danach gemütliche Schreibtischarbeiten. Alexandra und ich suchen im Internet nach Wohnungsanzeigen und können für den Nachmittag gleich einen Besichtigungstermin ausmachen. Sehr gutes Essen in einem vegetarischen Diner, danach in den Supermarkt und zum Wohnungsbesichtigungstermin. Die Nachbarschaft und die angebotene Wohnung gefallen uns super. Auch das indische Vermieterpaar ist sympathisch und der Mann, Sohn eines Diplomaten, hat wie zuletzt wir eine Zeit lang in Bonn gelebt und spricht sogar ein bisschen Deutsch. Wir sind ganz euphorisiert, schlendern nach der Besichtigung durch die Nachbarschaft und besuchen einen Laden von *No Frills*, eine Art kanadischer Aldi mit breiten Gängen, hohen Regalen und palettenweise Waren.

Montag, 4. August

Um halb 7 aufgestanden. Frühstück und Entschluss, die gestern besichtigte Wohnung in der Keele Street in der Nähe vom High Park anzumieten. E-Mail an die Vermieter, dann Schreibtisch. Nachmittags in das Royal Ontario Museum. Um 18 Uhr wieder in der Stewart Street. Sid, der Vermieter, hat uns bereits geantwortet und den Mietvertrag geschickt. Jetzt haben wir nur noch das Problem, bis Mittwoch zur Vertragsunterzeichnung drei Monatsmieten in bar oder in Scheckform zu besorgen, obwohl wir noch kein kanadisches Konto besitzen. Ich laufe zum Geldautomaten und ziehe insgesamt 2.500 Dollar. Alles in 20-Dollar-Scheinen, insgesamt 125 Stück. Das Maximum, das wir mit unseren beiden Kreditkarten abheben können. Mein Portemonnaie ist so prall gefüllt, dass ich es nicht biegen kann.

Freitag, 8. August

Mittags Spaziergang zur *Type-Books*-Buchhandlung, die ein ausgezeichnetes Sortiment und eine großartige Auswahl an Literaturzeitschriften hat. Zurück über die Queen Street West an vielen tollen Bars und Plattenläden vorbei und dabei eine Menge Flyer eingesteckt: Für Punk-Kneipen, Buchmessen und ein *Twin Peaks*-Screening in Anwesenheit von Sherilyn Fenn. Nachmittags entdecke ich eine Flipperseite für Toronto und schreibe mir einige Standorte auf, dann essen Alexandra und ich wieder in *Sadie's Diner* und fahren anschließend zur *Zine Dream 7*-Eröffnungsparty in der Galeriebuchhandlung *Art Metropole*. Es gibt Bier aus der Kühlbox und eine Solo-Konzertperformance von Victoria Cheong aka New Chance. Knisternde Elektronik und hypnotischer Gesang. Nach dem Auftritt spazieren wir noch durchs nächtliche Little Portugal. Vor der Bar *The*

Painted Lady stehen die fast nackten Burlesque-Tänzerinnen auf der Straße und rauchen.

Sonntag, 10. August

Zum Frühstück Blaubeerpfannkuchen und mittags zur *Zine Dream*, eine Messe für Indie-Magazine und -Bücher im Tranzac Club. Großer Bücherkauf und danach Rundgang durch die Toronto Zine Library im Obergeschoss, einer Sammlung von Punk- und Kleinverlagsprodukten aller Art. Sogar deutsche Hefte sind vorhanden und ich verspreche der Bibliothekarin, einen Stapel früher SUKULTUR-Hefte zu spenden. Hinterher Marsch in die Stewart Street über den Kensington Market mit zahlreichen niedlichen, extrem gemütlichen Geschäften, Boutiquen und Bars. Es gibt auch ein Café, indem man Haschisch nicht kaufen, aber rauchen darf.

Montag, 25. August

Abends fahren Alexandra und ich zum Echo Beach und sehen uns das Freiluftkonzert von Robyn und Röyksopp an. Noch besser als das Konzert gefallen uns der Ort, die kleine Insel und die nächtliche Skyline, die Bühne am Wasser und der Spaziergang zurück über das Gelände der Canadian Exhibition mit der großen

Kirmes. Ernüchternd auf dem Konzert sind allerdings die Getränkepreise. Die billigste Dose Bier kostet 15 kanadische Dollar, also über 10 Euro. Ich weiß nicht, wie viel eine Dose Bier derzeit im Hotel de Rome am Bebelplatz kostet, viel teurer kann es aber auch nicht sein.

Samstag, 30. August

Nachmittag Erkundung der Roncesvalles Avenue. Nette Läden und Buchhandlungen mit Jazzmusik. Ich fühle mich wie in einem amerikanischen Independent-Film.

Donnerstag, 4. September

Um 7 Uhr 30 mit dem Taxi in die Keele Street, die insgesamt 43 Kilometer lang ist und in Holland Marsh endet. Es ist ein wahnsinnig heißer Tag. Kurz nach uns kommt der Lkw mit den drei Packern an. Sie leisten Superarbeit und sind um 13 Uhr mit dem Entladen fertig. Auspacken und aufbauen. Am Nachmittag fahren wir mit dem Bus in die Dufferin Mall und kaufen einen Staubsauger, ein Bügelbrett, Lebensmittel und einen Fernseher. Wir bestellen ein Taxi und sind um 19 Uhr wieder zu Hause. Um 20 Uhr habe ich meinen Schreibtisch aufgebaut. Hinterher zum Entspannen fernsehen: *Big Brother Canada*.

Freitag, 19. September

Um 19 Uhr besucht mich Patrick. Er hatte am Nachmittag einen Besichtigungstermin im neu eröffneten Aga Khan Museum für islamische Kunst, für den er aus New York anreiste. Wir setzen uns an den Küchentisch und reden über tausend Dinge. Dann spazieren wir zum vietnamesischen Restaurant neben *No Frills*. Nach dem Essen bleiben wir noch lange sitzen, unterhalten uns in dem lauten Lokal, hinterher begleite ich Patrick zur U-Bahn-Station. Vor dem Supermarkt begegnen uns zwei Waschbären. Sie spazieren über die Straße und bleiben direkt vor uns auf dem Bürgersteig stehen. Der eine streckt sich gemütlich am Laternenpfahl. Dann schlendern die beiden weiter, laufen die Zufahrt zur Warenanlieferung hoch und wackeln wie zwei riesige Igel in die Nacht davon.

Dienstag, 25. November

Abends zur ausverkauften Buchvorstellung von Amanda Palmer in Lee's Palace, dem Handlungs- und Drehort im verfilmten Kultcomic *Scott Pilgrim*. Die Schlange ist lang und geht fast um den halben Block. Ich stehe eine Stunde lang in der Kälte an, doch das Warten lohnt sich. Amanda Palmer, die für eine Plattenproduktion per Crowdfunding 1,2 Millionen US-Dollar eingesammelt hat, ist eine großartige Entertainerin. Zu Anfang spielt sie ein paar Lieder auf der Ukulele und dem Keyboard, darunter auch eine betörende Version des Rap-Klassikers von N.W.A: »Yo Dre, I got somethin' to say ...« Und alle im Saal singen mit: »Fuck the Police«. Danach liest sie einige Passagen aus ihrem Buch vor, begleitet von einer Gebärdensprachenübersetzerin, und lädt anschließend eine Mitarbeiterin einer Torontoer Hilfsorganisation gegen Frauengewalt auf die Bühne, die dem Publikum ihr Projekt vorstellt. Der Abend ist wunderbar anregend, auch für meine Romanarbeit. Ich sehe unglaubliche Tattoos und Haarfarben. Mit vielen Impressionen und Gedanken zum neuen Feminismus im Kopf laufe ich zur U-Bahn-Station und fahre nach Hause.

Donnerstag, 11. Dezember

Morgens ist alles verschneit. Auch den Vormittag über schneit es ohne Unterbrechung weiter. Mittagessen beim Thai. Der Schnee türmt sich hüfthoch auf den Straßen. Nach dem Essen stapfe ich zur Post und zu *No Frills*. Als ich zurückkomme, bin ich selbst von Kopf bis Fuß eingeschneit und so weiß wie ein Schneemann.

Eisberge (2015)

Donnerstag, 1. Januar

Um 0 Uhr treten wir mit Sektgläsern auf den Balkon. Es wird nicht geknallt, es sind auch keine Menschen zu sehen. Nur aus der Nebenstraße hören wir ein paar Stimmen und sehen in der Ferne ein paar einsame Raketen.

Donnerstag, 29. Januar

Um 18 Uhr fahre ich mit der U-Bahn zur Buchpräsentation von Miranda July. Ich bin ein großer Fan ihres ersten Spielfilms und ihrer Kurzgeschichten. Die Veranstaltung, die von Sheila Heti moderiert wird, ist kostenlos und findet im Appel Salon der Public Library statt. Am Vorabend hatte Miranda July ihr Buch im Gespräch mit Lena Dunham in New York vorgestellt und der Appel Salon ist bis zum letzten Platz gefüllt. Die Veranstaltung ist weniger eine Buchpräsentation als vielmehr ein einstündiges Gespräch zwischen Freundinnen, die von ihrer Arbeit berichten, ganz locker und ungezwungen. Aus dem Roman wird nur einmal kurz mittendrin vorgelesen, eine zweieinhalbminütige Passage. Nach dem

Gespräch setzt sich Miranda July umgehend an einen Tisch, vor dem sich eine endlose Warteschlange gebildet hat, und beginnt geduldig mit dem Signieren. Ich spreche Sheila Heti an, richte ihr Grüße von Gabrielle Bell aus und schenke ihr zwei Lesehefte, *The SUKULTUR Years*, eines für sie und eines für Miranda July. Als ich den Appel Salon verlasse, ist die Signierschlange immer noch riesig. Vergnügt unterhält sich Miranda July mit einer jungen Frau, die vor ihrem Tisch steht, und signiert anschließend scherzend deren mitgebrachte SIM-Karte.

Dienstag, 3. Februar

Um halb eins Mittagessen, hinterher Tagebuch und schöner Winterspaziergang mit Alexandra. Im fast leeren Litauischen Park treffen wir ein Pärchen, das uns anbietet, auf seinem Schlitten einen steilen Hang hinabzurodeln. Wir sagen sofort Ja und düsen hinunter. Der Schlitten ist eher eine Art Plastikwanne und hat überhaupt keine Federung. Es ist eine total halsbrecherische Aktion. Während der Fahrt hüpfen wir über die Hügel und werden komplett nass.

Freitag, 6. Februar, Toronto/St. John's (Neufundland)

Um 6 Uhr Wecker. Für den Nachmittag sind schwere

Stürme in St. John's angesagt und um halb 9 erhalten wir die Nachricht, dass unser Flug am Mittag wegen der Stürme um zweieinhalb Stunden verschoben wird. Schreibtischarbeiten und packen. Um 15 Uhr knapp dreistündiger Flug nach Neufundland, fast die ganze Zeit schlafe ich. Mit dem Taxi ins Hotel. Die Zeitverschiebung ist verwirrend und beträgt anderthalb Stunden. Wenn es in Deutschland 12 Uhr ist, ist es in Toronto 6 Uhr – und in St. John's 7 Uhr 30. Abends abenteuerlicher Gang in die Stadt durch die vereisten hügeligen Straßen. Einkehr in der Bar *Grapevine*. Hinterher teilen wir uns bei *Smoke's Poutinerie* unsere erste Portion Poutine, die Fast-Food-Spezialität aus Québec: Pommes frites mit Käsestücken und Bratensoße. Ich bin zu betrunken, um zu beurteilen, wie es mir schmeckt. Schlitternde Rückkehr nach Hause.

Samstag, 7. Februar, St. John's

Traditional Breakfast im *Hungry Heart Cafe*, danach ins sehenswerte Kunst-, Natur- und Kulturgeschichtsmuseum *The Rooms*. Wir haben Glück, es ist der erste Samstag im Monat und der Eintritt frei. In den Ausstellungen erfahren wir viel über Neufundland, das erst 1949 eine Provinz Kanadas wurde und der Konföderation beitrat. Lange Zeit galt Neufundland als *cod's own country*, das Land des Kabeljaus, wo man das Meer vor lauter Dorschen nicht sehen konnte, doch verfehlte Fischereipolitik und eine jahrzehntelange Überfischung führten zu diplomatischen Spannungen mit Island und Großbritannien und zum Kollaps der Bestände. 1992 wurde schließlich ein Fangverbot ausgesprochen, durch das 40.000 Arbeitsplätze auf der Insel verloren gingen und ein Viertel der Bevölkerung arbeitslos wurde. Am Nachmittag Bummel durch die eisige Stadt und Abendessen im *Nautical Nellie's Pub*. Die Atmosphäre in der Kneipe ist spitze, das Essen leider nicht.

Sonntag, 8. Februar, St. John's

Nach dem Frühstück spazieren wir durch den verschneiten Park und schauen den alten und jungen Schlittschuhläufern dabei zu, wie sie auf den großen öffentlichen, von Laternen umsäumten Eisbahnen unter weißen Wattewölkchen ihre Kreise ziehen. Die Ansicht ist wie in Öl gemalt. Danach wandern wir zum Signal Hill. Beim Aufstieg auf den Hügel umwehen uns heftige eisige Winde. Von der mit Kanonen bewehrten Befestigungsanlage haben wir einen traumhaften Blick auf die bunten Häuser der Stadt, den Hafen und die Weite des Atlantiks. Mittagessen im *Bagel Café*, abends treffen wir John Paul, Alexandras kanadischen Kollegen, in der Pizzeria *Piatto*. Gutes Essen und schöne Gespräche.

Montag, 9. Februar, St. John's

Um Viertel vor 9 verlässt Alexandra das Zimmer. Ich kaufe ein, danach besuche ich den Comicshop und bummle durch die Stadt. Ich mag die rot, grün und blau bemalten Häuser und die klirrende Kälte. Walter Kempowski fand Regen zum Arbeiten genau das richtige Wetter, lese ich in *Culpa*, ich ziehe eisige Temperaturen vor, gern auch mit Schnee. Alles ist weiß und bereit, beschrieben zu werden. Nach ihrem Universitätsbesuch berichtet Alexandra von den unterirdischen Gängen, die die Universitätsräume mit den Studentenwohnheimen verbinden, in denen sich auch kleine Geschäfte befinden, Coffeeshops und *Pizza Pizza*. Die Studenten betrachten diese Tunnel als ihr vergrößertes Wohnzimmer und Alexandra sah mehrere Studenten, die in Pantoffeln und Onesies ihren Morgenkaffee kauften. Alexandra erzählt, dass im Frühsommer hier regelmäßig Eisberge aus Grönland vorbeiziehen sollen, sich vor der Küste türmen und St. John's in Nebel einhüllen. Einen schöneren Ort zum Schreiben kann ich mir in diesem Moment nicht vorstellen.

Dienstag, 10. Februar, St. John's/Halifax (Nova Scotia)

Um 6 Uhr Wecker, um Viertel nach 7 zum Flughafen. Unser Flugzeug hat eine Stunde Verspätung. Dann heben wir ab und verlassen St. John's. Landung in Halifax und mit dem Mietwagen knapp vierzigminütige Fahrt in die Stadt. Einchecken im Hotel und Spaziergang zum Hafen. Alexandra und John Paul wollen sich die Ausstellung im Pier 21 anschauen, dem Passagierterminal, durch das von 1928 bis 1971 über eine Million Menschen nach Kanada einwanderten, ich erkunde in der Zwischenzeit Downtown, halte mich lange in einem tollen Comicshop auf und erstehe am Ende zahlreiche Hefte. Den Abend lassen wir zu dritt im nahe gelegenen Pub *Your Father's Moustache* ausklingen, mit Steak, Haddock und Bier.

Mittwoch, 11. Februar, Halifax/Amherst

Bis Viertel nach 7 geschlafen. Duschen und sehr gutes Frühstück im Hotel. Um halb 10 parken wir den Mietwagen um, dann verlassen Alexandra und John Paul das Hotel. Bis 13 Uhr bleibe ich im Zimmer, beantworte E-Mails und skype mit Frank, danach checke ich aus, laufe in eine Einkaufsmall, setze mich mit dem Rechner im Food Court an einen freien Tisch und schreibe Tagebuch. Hinterher folge ich einem Hinweisschild im Parkhaus der Mall, betrete durch ein Labyrinth aus Gängen die Lobby des *The Lord Nelson Hotel & Suites* und setze mich im ersten Stock an einen Tisch auf der Veranda über dem Empfangstresen. Schönes Schreiben zwischen den riesigen Kronleuchtern und den getäfelten Wänden, dem dunklen Holz und den goldenen Verzierungen. Um kurz vor vier am Auto, Alexandra und John Paul kommen kurz nach mir. John Paul fährt uns aus der Stadt heraus, dann übernehme ich und fahre auf dem Highway knapp 200 Kilometer bis nach Amherst. Im Dunkeln kommen wir in der Stadt an. Wir haben Glück und finden einen gemütlichen Pub mit sehr gutem Essen. Um 21 Uhr am Motel. Wir verabschieden uns von John Paul und betreten unser Zimmer. Schlagartig befinden wir uns in einem amerikanischen Roadmovie: Das Doppelbett, der Fernseher, hinten die Tür ins Badezimmer ... Die einzige Fluchtmöglichkeit. Durch die aufgezogenen Vorhänge des Fensters neben der Tür sehen wir direkt auf den Parkplatz vor unserem Zimmer, auf die von einer Laterne angestrahlten Schneehaufen und die Dunkelheit dahinter. Ich fotografiere die Ansicht vom Bett aus und veröffentliche das Bild auf Twitter. Mein alter Freund Jochen reagiert sofort und fragt, was in der großen schwarzen Plastiktüte neben der Tür sei. Er vermutet: ein Kopf.

Donnerstag, 12. Februar, Amherst/Fredericton (New Brunswick)

Um 6 Uhr Wecker. Anziehen, Frühstück und um halb 8 mit dem Auto zur Mount-Allison-Universität in Sackville. Im Foyer der Universität hängen bemalte Laken, die Werbung für den *Global Divestment Day* und eine studentische Aufführung der Vagina-Monologe von Eve Ensler machen. Nach Alexandras und John Pauls Präsentationen kurzer Snack in der Mensa und dann mit dem Auto nach Moncton. Ab 13 Uhr präsentiert Alexandra die DAAD-Programme in der Cafeteria der Universität – zum ersten Mal auf Französisch. Die Studierenden stehen an Stehtischen aus Bierfässern und prosten sich zu. Nach der Studentenberatung treffen sich Alexandra und John Paul noch zu Gesprächen mit den Dekanen, während ich über den eingeschneiten Campus wandere, Fotos von den gewaltigen, abenteuerlich überhängenden Schneemassen auf den Gebäuden mache und in einer leeren Eishalle einer Mannschaft beim Eishockeytraining zusehe. Am Nachmittag fahren wir dann mit dem Auto ins knapp 170 Kilometer entfernte Fredericton und kommen um 19 Uhr im Hotel an. Abendessen im zum Hotel gehörenden *Pub 23*. In den vergangenen drei Tagen haben wir 3 von 10 kanadischen Provinzen besucht und sind dementsprechend erschöpft.

Freitag, 13. Februar, Fredericton/Toronto

Frühstück im Motel. Um halb 9 zur Universität. Alexandra und John Paul zeigen ihre Präsentationen, während ich durch die wunderschöne Schneelandschaft ins lauschige Fredericton laufe und gewaltige, von den Dächern herabhängende Eiszapfen fotografiere: *DANGER! Falling Ice*. Bei *Tim Hortons* trinke ich einen Riesenbecher heiße Schokolade, beantworte E-Mails und veröffentliche ein paar Eiszapfen-Fotos auf Twitter. Anschließend spaziere ich weiter durch Fredericton und kaufe viel zu viel im sehr gut sortierten Comicshop. Mittagessen, Internet und zurück zur Uni. Vor der Studentenpräsentation von John Paul setze ich mich ins Publikum. Eine junge kanadische Studentin schwärmt von Deutschland, wie billig das Bier dort sei. Für den Preis eines Sixpacks bekomme man in Kanada noch nicht einmal ein Beck's. Bier sei in Deutschland überdies ganz alltäglich, das trinke man sogar in der Mittagspause. Leider aber, seufzt sie, könne man es mit nichts mischen. Ich versuche mir vorzustellen, wie Bier mit Red Bull schmecken würde, und muss an die Geschäftsidee eines Freundes denken, der einen Kaffee-Bier-Mix als Trendgetränk auf den Markt bringen möchte, eine Vorstellung, die mir immer noch einen Schauder über den Rücken laufen lässt. Nach der unterhaltsamen Präsentation vor vielen interessierten Studierenden fahren wir zum Flughafen, geben den Mietwagen ab und fliegen zurück nach Toronto.

Samstag, 4. April, Toronto/Niagara Falls

Um kurz vor 11 verlassen Alexandra und ich das Haus, fahren nach Downtown zum Busterminal und reisen von dort mit dem Greyhound-Bus knapp 130 Kilometer nach Niagara Falls. Die Endhaltestelle befindet sich weit weg von unserem Hotel. Wir rollen mit unserem Koffer die Uferpromenade entlang, vorbei an den Wasserfällen, zuerst an den American Falls, dann an den Horseshoe Falls. Beide sind immer noch komplett vereist, mit riesigen, 20 oder 25 Meter hohen Eisbergen. Wir kommen kaum vorwärts, weil ich alle paar Meter anhalten und neue Fotos machen muss. Schließlich erreichen wir doch noch das *Marriott Fallsview* . Unser Doppelzimmer hat einen Whirlpool und eine Fensterfront mit einer sensationell-unwirklichen Aussicht auf die Wasserfälle. Durch die Wand aus Glas wirkt die Landschaft auf mich wie ein monumentales Panoramagemälde. Ich starre auf die dampfenden Wasserfälle und denke, wie viel heiterer, verspielter und bilderreicher die englische im Vergleich zur deutschen Sprache oft ist. Hufeisen beschreibt schlicht das Eisen am Huf des Tieres, während Horseshoe, der Pferdeschuh, geradezu märchenhaft klingt: Der genagelte Schuh am schlanken Pferdefuß ... Nachdem wir die Koffer abgestellt haben, streifen wir durch den Ort. Das Casino hat 24 Stunden am Tag und sieben Tage die Woche geöffnet. Im Untergeschoss befindet sich ein Food Court, darüber eine Shoppingmall mit einem Weihnachtsshop, der das ganze Jahr geöffnet hat. Vor dem Konzertsaal lese ich die Ankündigungen mit den nächsten Auftritten. Im Casino treten unglaubliche

Stars auf: The Temptations. Earth, Wind & Fire. Art Garfunkel, Chubby Checker, Al Bano & Romina Power. Ich fühle mich wie in einem anderen Jahrzehnt in einer anderen Dimension.

Freitag, 31. Juli, Toronto

Als Alexandra und ich auf dem Balkon treten, entdecken wir ein Wespennest unter unserem Balkongeländer, das gerade im Entstehen und etwa golfballgroß ist. Nach einer Internetrecherche beauftragen wir sogleich eine Firma mit der Entfernung des Nestes. Eine Dreiviertelstunde später kommen zwei Männer, entfernen das Nest und sprühen den Balkon aus, damit die Wespen nicht mehr zurückkommen und ein neues Nest bauen können. Die Entfernung kostet 110 kanadische Dollar inklusive Steuern und Trinkgeld. Hinterher lege ich mich auf das Sofa und lese in dem Interview-Buch *Starschnitte* einen bemerkenswerten Satz von Werner Herzog: »Auf meinem rechten Oberarm ist ein Totenkopf tätowiert, der in ein Mikrofon singt, auf dem ZDF steht.«

Sonntag, 9. August, Niagara on the Lake

Nach dem Frühstück Fahrt nach Niagara on the Lake, einem malerischen, in einem Weinbaugebiet etwas mehr als 20 Kilometer von den Niagarafällen gelegenen Ort. Die Sonne scheint und im Park probt eine über 60-köpfige Eisa-Gruppe aus Japan für ihren Auftritt. Spaziergang durch den Ort, über den Friedhof und über ein Wohltätigkeitsfest mit Trödelmarkt, günstigen Ess-Ständen und Live-Musik eines Countryduos. Wir essen Hotdogs, sitzen am See und lesen im Park. Dann beginnt die bezaubernde, knapp anderthalbstündige Eisa-Aufführung. Die Musik des Orchesters ist hypnotisch, die Kostüme sind prächtig und farbenfroh, die Volkstänze der jungen Frauen und Männer außergewöhnlich schön. Drachen rennen auf Stangen durchs Publikum, und besonders faszinierend ist der synchrone Löwenkostümtanz, bei dem sogar der Hund im Publikum aufgeregt anfängt zu bellen.

Sonntag, 30. August, Toronto

Schöner Fahrradausflug mit Alexandra über die Annette Street zum Humber Trail und von dort weiter zum idyllischen Humber Bay Park am Ufer des Ontariosees, der wie ein Meer wirkt und fast so groß wie Rheinland-Pfalz ist. Ein Familienvater, der am Strand grillt, zeigt seinem Sohn und dann uns eine kleine schwarze Wasserschildkröte mit langem Schwanz, die er soeben aus dem See gefischt hat. Wir radeln weiter zum Sunnyside Boardwalk. Es ist ein heißer Tag, am Strand wird

Beachvolleyball gespielt und wir fühlen uns in Urlaubsstimmung. Aus dem öffentlichen Freibad dringen Freudenschreie herüber. Der Eintritt ist kostenlos. Es verfügt über ein riesiges Schwimmbecken, aber leider weder über Sitz- noch Liegeflächen.

Sonntag, 20. September

Abendspaziergang durch die Nachbarschaft. An den Mülltonnen hinter dem Humberside Collegiate Institute entdecken wir ein schwarz-weiß gestreiftes Stinktier, das von einer Katze neugierig beobachtet wird. Aus sicherer Entfernung beobachten wir die Tiere und müssen dabei an die Warnungen von Markus und Marje denken, dass man die niedlichen Stinktiere, wenn man sie in den Hinterhöfen und auf den Straßen entdeckt, unter keinen Umständen erschrecken dürfe, denn wenn sie einen bespritzen sollten, könne man die Kleidung sogleich wegschmeißen oder etwa die Terrasse wochenlang nicht benutzen. Vor allen Dingen Hunde machten oft unangenehme Bekanntschaft mit den Skunks. Werde ein Hund bespritzt, bliebe den Besitzern nichts anderes übrig, als den Tieren das Fell zu scheren und sie komplett in Tomatensaft zu baden, was den Gestank lindern soll. Als Markus nach Toronto zog, fragte er sich, warum er so viele Leute auf der Straße traf, die tütenweise riesige Dosen mit Tomatensaft nach

Hause schafften. Nach einiger Zeit erfuhr er die Antwort: Es waren alles betroffene Hundebesitzer.

Mittwoch, 23. September, Toronto/Montréal (Québec)

Ich verlasse die Wohnung und komme um 17 Uhr 30 am Billy-Bishop-Flughafen an, wo Alexandra mich bereits erwartet. Gemütliches Gammeln in der Porter-Lounge mit kostenlosen Getränken und Snacks. Unser Flug nach Montréal hat 20 Minuten Verspätung. Im Flugzeug korrigiere ich die Fahnen von Tobias Roths Leseheft. Um kurz nach 21 Uhr Ankunft im Hotel, das sich inmitten von Wolkenkratzern in Downtown befindet, pünktlich zum Finale der dritten Staffel von *The Amazing Race Canada*.

Donnerstag, 24. September, Montréal

Bis 6 Uhr schlecht geschlafen. Da sich das Fenster nicht öffnen lässt, muss man entweder ersticken oder das irre laute Frischluftgebläse der Klimaanlage einschalten. Duschen, rasieren und um 8 Uhr zum Frühstück. Anschließend Spaziergang durch Downtown und über den Campus der McGill-Universität, auf dem Protestierende gegen den Klimawandel ihre Zelte aufgeschlagen haben. THE CLIMATE CRISIS IS NOT AN INVESTMENT. Um 16

Uhr treffe ich Guillaume Morissette, einen jungen kanadischen Autor und Herausgeber, im hippen Café Résonance. Guillaume ist sehr nett, offen und spricht enorm besonnen und selbstbewusst über sein Schreiben. Außerdem stellt er viele kluge Fragen. Ich bin überrascht und angetan, denn aus dem Internet und von Twitter hätte ich einen viel verschlosseneren, vergrübelteren Autor erwartet. Am Ende unseres lebhaften Gesprächs signiert er mir seinen Roman *New Tab*. »Enjoy your problems – G.« Danach gehen wir zusammen in die Rue Bernard und verabschieden uns vor seiner Haustür. Guillaume verschwindet durch eine schmale Tür im Haus, während ich ein paar Meter weiter laufe, die Verlagsbuchhandlung Drawn & Quarterly betrete und mir damit einen lang gehegten Wunschtraum erfülle.

Freitag, 25. September, Montréal

Am Nachmittag gehe ich ins Goethe-Institut, um Alexandra abzuholen, und lerne dabei auch den sympathischen Institutsleiter kennen. Hinterher fahre ich mit Alexandra wieder in die Rue Bernard. Wir speisen im Restaurant *Nouveau Palais*, das uns der Institutsleiter als urig-gemütliches, ihn an Berlin-Mitte erinnerndes Restaurant empfohlen hat ... Er hat recht. Wir erfreuen uns an Essen und Getränken und hören dazu aus den Lautsprechern Hildegard Knef im Remix von DJ Koze. Um 19 Uhr bezahlen wir und gehen nebenan zu Drawn & Quarterly zur Vorstellung von Sam Aldens neuem Comicbuch *New Construction*. Die Veranstaltung findet im kleinen Kreis statt und die Atmosphäre ist familiär. Im Publikum sitzt Chester Brown, der zu meinen Lieblingscomicmachern zählt und, als sie seinerzeit alle in Toronto lebten, mit Seth und Joe Matt Teil der legendären *Toronto Three* war. Der Comiczeichner Pascal Girard stellt zuerst Sam Alden vor, der danach die erste Erzählung aus seinem Comic vorliest und dabei die Panels mit seinem Laptop auf eine Leinwand projiziert. Im Anschluss an den Vortrag folgt ein Fragen-und-Antworten-Block unter reger Beteiligung des kleinen Publikums. Sam Alden fordert, dass wie in der Buchbranche auch in der Comicbranche Lektorinnen und Lektoren bereits während der Entstehung Einfluss auf die Comics nehmen sollten ... Nicht nur in inhaltlicher, sondern gerade auch in künstlerischer Hinsicht. *Ist diese Hand richtig gezeichnet? Wäre für dieses Panel nicht eine andere Perspektive besser? Warum malst du hier nicht rot statt blau?* Er fordert damit quasi Lektorate für die Bildende Kunst. Dieser Gedanke ist sicherlich vielen Menschen, die immer noch eine Genie-Ästhetik verinnerlicht haben, unerträglich.

Samstag, 26. September, Montréal

Um halb 7 Wecker und Frühstück im Hotel. Danach

Spaziergang durch die idyllische Altstadt, am historischen Rathaus vorbei, zum Kai mit Blick auf den gewaltigen Sankt-Lorenz-Strom. Eine Autobahnbrücke spannt sich über den Fluss und neben dem Pfeiler entdecke ich eine Kirmes mit Achterbahnen und Riesenrad. Ich habe Hunger und kaufe mir an einem Stand eine für die Region typische Lobster Roll. Das Hummerbrötchen schmeckt mir nicht und ist viel zu teuer, weil es fast nur aus Mayonnaise besteht.

Sonntag, 27. September, Montréal/Toronto

Um halb 7 Wecker, packen, Frühstück und um 9 Uhr mit dem Bus zum Flughafen. Für die Personenkontrolle stehen wir 40 Minuten lang an. Anstrengender Rückflug nach Toronto. Ich sitze eingeklemmt zwischen zwei sich viel zu breit machenden, unangenehm riechenden und schnarchenden Sitznachbarn. Sogar die Stewardess bekommt Mitleid mit mir und bietet mir einen anderen Sitzplatz an, auf den ich mich aufatmend stürze. Mit dem Taxi vom Flughafen nach Hause. Abends romantischer Spaziergang in den Litauischen Park, wo wir uns die totale Mondfinsternis und den rot schimmernden Blutmond ansehen wollen, der in dieser Nacht auffallend groß und nah wirken soll. Leider ist der Himmel bewölkt. Unserer Stimmung tut das keinen Abbruch.

Freitag, 9. Oktober

Mittags schaue ich mir die letzten beiden Innings zwischen Toronto und den Texas Rangers an. Die Blue Jays verlieren im 14. Inning auch das zweite Viertelfinale. Die Welt des Baseballs ist seltsam. Erst spielen die Mannschaften in der Saison von Ende März bis Ende September fast täglich insgesamt 162 Spiele, und knapp die Hälfte davon gegen die vier Mannschaften aus der eigenen Division, um möglicherweise dann in der Postseason im K.-o.-Verfahren im Best-of-Five-Modus nach drei Spielen sang- und klanglos auszuscheiden. Unter Umständen mit einer Bilanz von 162 Siegen und drei Niederlagen. Alle Spiele einer Mannschaft zu schauen kostet enorm viel Zeit, da ein Spiel in der Regel drei bis dreieinhalb Stunden dauert. Sollte man sich gar für ein weiteres Team interessieren, wird Baseball glatt zur Lebensaufgabe. Ein ähnlicher Gigantismus herrscht auch in der Eishockey-Liga NHL vor, in der eine Mannschaft bis zu 110 Spiele benötigt, um sich am Ende der sechsmonatigen Saison als Stanley-Cup-Sieger feiern zu lassen. Ganz anders präsentiert sich dagegen die American-Football-Liga NFL. Für 20 der 32 Mannschaften ist die jährliche Saison bereits Ende Dezember nach 16 Spielen beendet. Die Spieler können ins Training zurückkehren und sich acht Monate fit halten, bis dann im September die nächste reguläre Saison beginnt.

Montag, 12. Oktober

Thanksgiving. Um 11 Uhr mit dem Fahrrad zum Humbertrail. Es ist ein warmer, wunderschöner Herbsttag, die Bäume sind rot, gelb und grün und der Humber River ist voller Lachse, die den Strom hinaufschwimmen und die steilen Wasserfälle hochspringen.

Dienstag, 20. Oktober

Um 5 Uhr 45 wach geworden und aufgestanden. The Globe and Mail titelt *Trudeau Triumphs*. Das Foto zeigt Justin Trudeau nach der Verkündung des Wahlergebnisses auf der Parteiversammlung, wie er von seiner pelzbemantelten Mutter umarmt und geküsst wird – im Hintergrund ein riesiges rotes Ahornblatt auf weißem Grund. Disco-Chic trifft auf sozialistischen Realismus. Um 5 Uhr Ortszeit, 11 Uhr in Deutschland, ist die SUKULTUR-Pressemitteilung veröffentlicht worden. Alexandra fragt mich, ob ich traurig bin, weil ich jetzt nach 19 Jahren die Herausgeberschaft der beiden Leseheftreihen abgebe, doch ich spüre in erster Linie Freude und auch ein bisschen Erleichterung. Beim Kaffee suche ich Adressen der Autoren und Illustratoren zusammen und verschicke um 7 Uhr 32 meine Dank-Mail. Danach Schreibtisch, Social-Media-Kram und E-Mails. Ich bekomme einige Antworten, Glückwünsche und Fragen zur Manuskripteinsendung. Auf Minimore stelle ich neue Titel ein. Hinterher Spaziergang, Mittagessen und Mini-Einkauf bei *No Frills*. Im Antiquariat erstehe ich eine hübsche kleine Klassikerausgabe von *Robinson Crusoe*. Lesen und Schlaf, am Nachmittag Arsenal gegen Bayern, 2:0. Ich habe ein traumhaftes Leben, trotzdem fühle ich mich heute ein bisschen matt. Baseball und dabei die Korrekturen von Jan Drees aufbereitet und weggeschickt. Die Toronto Blue Jays gehen im vierten von maximal sieben Spielen mit 2:14 gegen die Royals aus Kansas unter. Um 20 Uhr 30 fahre ich zum Peaches-Konzert. Ich steige an der Sherbourne Station aus, schlendere über das Gelände einer koreanischen Kirche, dann laufe ich durch eine Hochhausgegend und komme mir vor wie im Märkischen Viertel. Der Konzertort, das *Phoenix Concert Theatre*, erinnert mich wiederum an den Festsaal Kreuzberg, er ist allerdings deutlich größer. An der Bar bestelle ich ein Bier und nehme es mit in den Saal. Die Vorband spielt schon. Deep Valley, zwei Frauen. Gesang, Schlagzeug, Gitarre, Rock 'n' Roll. Schön laut und cool und trashig. Der ideale Soundtrack für das *Shoxs* oder *Cherry Cola's*. In der Umbaupause hole ich mir noch ein Bier und stelle mich mit Ohrstöpseln in die Mitte vor die Bühne. Mein Platz ist ideal, der Vorhang geschlossen. Um kurz vor zehn betritt die Mutter von Peaches in einem rot-weiß gestreiften Pullover die Bühne und liest eine Erklärung ihrer Tochter vor. Alle jubeln und freuen sich, weil der junge, schöne Justin Trudeau, die Hoffnung Kanadas, am Vortag die Wahl gewonnen hat. In beiden Händen hält Peaches' Mutter eine Maple-Leafs-Nationalflagge und schwenkt sie wild, dann stimmt sie die kanadische Nationalhymne an und der ganze Saal fängt an zu singen. *O Canada!* Es ist ein absolut surrealer Moment, und ich versuche mir vorzustellen, wie Rammstein am Tag nach der Bundestagswahl in der Waldbühne auftritt, der Vater von Till Lindemann eine Erklärung seines Sohnes vorliest, sich alle über den Wahlsieg der SPD freuen und zusammen *Einigkeit und Recht und Freiheit* anstimmen. Langsam öffnet sich der Vorhang. Wie eine Außerirdische steht Peaches breitbeinig in der Mitte der Bühne. Der Beat dröhnt und hämmert und die Show beginnt. *Rub. Rub. Rub. Bitch rub.* Das Konzert ist eine wilde Fetischparty mit abgedrehter Musik und zwei hingebungsvollen Bühnentänzern. Vaginakostüme, blinkende Gebisse, Gruppensexchoreografien, Lovertits. Ich habe Peaches schon einmal vor vielen Jahren in Berlin gesehen, doch dieser Auftritt ist viel geiler. Plötzlich schwebt ein riesiges begehbares Kondom über unseren Köpfen und Peaches steht singend direkt über mir. *Dick! Dick! Dick! Dick in the air!* Alle tanzen. Ich bin auf dem besten Konzert seit The Knife und freue mich und bin auch ein bisschen erleichtert, denn die letzten Konzerte, die ich besucht hatte, hatten mir überhaupt nicht gefallen und ich wusste nicht, woran es lag, an mir und meinem Alter oder den Bands. Peaches stellt sich an den Bühnenrand, öffnet zwei Champagnerflaschen, schüttelt sie und spritzt wie ein Formel-1-Rennfahrer ins Publikum. Die Bühne wird gestürmt und ist voll mit Tanzenden. *Fuck the pain away.* Peaches gibt mehrere Zugaben und singt in einem grünen Glitzeroberteil mit riesigen nackten Plastikbrüsten. Glücklich laufe ich nach dem Konzert zur Metrostation und kaufe mir in einem asiatischen Kiosk einen Mister-Big-Schokoriegel. Mit der U-Bahn fahre ich heim und bin um kurz vor Mitternacht zu Hause. *Thank you so much, Toronto!*

Freitag, 23. Oktober

Ab 20 Uhr Baseball. Erinnerungen an Armenien werden wach, weil sich die Werbeclips in den Pausen so oft wiederholen. Bemerkenswert ist vor allen Dingen die Viagra-Werbung mit einer vielleicht 35-jährigen Frau, die in einer vollständig weiß eingerichteten Wohnung wartet. Sie trägt ein American-Football-Trikot, läuft durch die Wohnung, nähert sich dem Schlafzimmer und streichelt dabei den Türrahmen, die Gardinen, die Bettdecke. Dabei werden aus dem Off ununterbrochen Warnungen ausgesprochen: Nicht einnehmen bei Blutdruckbeschwerden. Fragen Sie Ihren Arzt oder Apotheker. Auf eigenes Risiko. Bei Übelkeit machen sie das und das... Die klassische Text-Bild-Schere.

Mittwoch, 28. Oktober

Auf zeit.de lese ich einen schönen Beitrag mit dem Titel *Die Yuppies und ich, das wäre nicht gut gegangen* über Bert Papenfuß und warum er die Kulturspelunke *Rumbalotte* dichtgemacht hat: »Die Gentrifizierung hat dem Viertel das kulturelle Blut ausgesaugt, nachts ist es jetzt so gut wie tot. Deshalb haben meine Frau und ich jetzt unsere Kneipe mitten im Prenzlauer Berg zugemacht. Die *Rumbalotte* war fünf Jahre lang eine Kulturspelunke für den renitenten Rest im Prenzlauer Berg. Doch mit der Zeit wurde mein Tresen immer leerer. Alteingesessene Berliner sind wegen der Situation im Viertel weggezogen. Alkoholiker wurden trocken. Und jede Nacht, wenn ich meinen Laden gegen drei Uhr abgeschlossen habe, fiel mein Blick auf eine Großbaustelle.« Bert ist wahrscheinlich der einzige Mensch, der von sich behauptet, Anarchist zu sein, und dem ich das glaube.

Montag, 16. November

Gulasch zum Mittagessen und um 12 Uhr schöner iChat mit den Jungs. Torsten erzählt, dass sein Busfahrer in Berlin heute morgen eine schusssichere Weste trug.

Königinnen (2016)

Freitag, 1. April

Um 12 Uhr Friseurtermin bei Peter, vorher kaufe ich bei ABC Books für umgerechnet 10 Euro den Roman *Rant* von Chuck Palahniuk mit Widmung: »To some lucky unlucky sombitch somewhere! Chuck Palahniuk«. Anschließend gehe ich in die Kifferlounge von Vapor Central auf der Yonge Street. Am Drehkreuz empfängt mich eine junge Frau, neben ihr steht Sarah Hanlon, die aktuelle Gewinnerin der dritten Staffel Big Brother Canada, die hier ebenfalls arbeitet. Die Frau erklärt mir, dass ich die Lounge nur mit mitgebrachtem Haschisch oder Gras betreten darf, ich frage, wo ich welches kaufen kann, und sie empfiehlt mir *Craigslist*. Mit der U-Bahn fahre ich zur Keele Steele, dann mit dem Bus weiter zu The Junction und laufe zum neu eröffneten Medical-Marijuana-Shop auf der Dundas Street West. Die Tür zur Straße ist offen und ich betrete den Laden. Es ist ein langer, schlauchförmiger Raum mit zwei großen Verkaufstresen und drei Verkäufern. Vorne befinden sich mehrere Stehtische mit Tabletcomputern und eine große Tafel mit den Angeboten: Haschisch,

Gras, Tee, Öle, Kekse ... Ich fühle mich wie in einem Coffeeshop in Amsterdam, nur, dass der Laden hier viel sauberer ist. Eine Verkäuferin kommt lächelnd zu mir und erklärt das Prozedere. Zunächst müsse ich ein Online-Formular ausfüllen, man würde ein Foto von mir und meinem Führerschein machen und zwischen 18 und 19 Uhr solle ich dann zur Arztkonsultation wiederkommen. Gemeinsam füllen wir an dem Tablet das Formular aus. Auf dem Tablet sind alle Angaben der Vorbenutzer gespeichert, und sobald ich in ein Eingabefeld einen Buchstaben eintippe, bietet er mir eine Auswahl aus den Vorantworten aus. Last Name: Darris, DEbono, DEGalas, DEGElder ... Ich weise die Verkäuferin auf den Umstand hin und empfehle, die Autovervollständigung auf dem Tablet auszuschalten und gegebenenfalls auch die Cookies zu löschen. Sie lacht und sagt, dass sie den Rat sofort weitergeben wird. Als Grund für die gewünschte Verschreibung schreibe ich *insomnia*, Schlafstörungen. Die Verkäuferin grinst. Ich verabschiede mich, verlasse den Laden und komme um kurz vor sechs wieder. Die Verkäuferin erkennt mich und winkt, sie schaut in die Kammer hinter dem Tresen und kommt zu mir. Der Arzt sei noch nicht da, erklärt sie mir, ich müsse mich noch etwas gedulden. Ich schaue in die Auslagen, gehe im Kopf meine vorbereiteten Sätze durch und habe dabei stets die offene Tür des Sprechstundenzimmers im Auge. Alle zwei Minuten läuft die Verkäuferin zur Tür und schaut in den

Raum – auf einmal winkt sie mich freudig zu sich und sagt, dass der Arzt nun da sei. Ich wundere mich, denn ich habe niemanden den Raum betreten sehen, folge der Verkäuferin, die mich in das Zimmer lotst und hinter mir die Tür schließt. Das Sprechstundenzimmer ist winzig, vor der Wand stehen ein Stuhl und ein Klapptisch mit einem aufgeklappten Laptop, ansonsten ist der Raum leer. Auf dem Bildschirm des Laptops ist ein Skype-Fenster geöffnet, darin ist der Kopf eines Mannes zu sehen, der mich begrüßt und sich als Doktor Soundso vorstellt. »Please have a seat!« Damit hatte ich nicht gerechnet und ich setze mich schmunzelnd. Doktor Soundso fragt mich nach meinem Namen und meinen Beschwerden, insgesamt dauert die Konsultation nicht länger als anderthalb Minuten, dann darf ich den Raum wieder verlassen. Die Verkäuferin empfängt mich vor der Tür mit einem scheckkartengroßen Plastikausweis mit meinem Namen, meinem Foto und meiner Mitgliedsnummer. THE HOLDER OF THIS CARD IS A CERTIFIED MEDICAL CANNABIS PATIENT.

Sonntag, 3. April

Am Nachmittag zu *No frills*. Auf dem Rückweg wird das Schneetreiben immer dichter und die Flocken wehen waagerecht über die Straßen und Dächer.

Sonntag, 10. April

Am frühen Abend mache ich mich auf den Weg zu Type Books zur Buchpräsentation von Julie Doucet. Es ist ein Sauwetter und schneit heftig. Die U-Bahn fällt aus und ich muss auf Ersatzbusse ausweichen. Die Veranstaltung, zu der etwa 30 Leute gekommen sind, wird moderiert von Sook-Yin Lee, einer bekannten Radiomoderatorin, Musikerin und der Ex-Freundin von Chester Brown, die auch in seinen frühen autobiografischen Comics auftauchte. Chester Brown sitzt ebenfalls im Publikum. Das Gespräch zwischen Doucet und Lee ist äußerst anregend, ausführlich sprechen die zwei auch darüber, warum Julie Doucet 1999 mit dem Comicmachen aufgehört hat. Heute sei Comicmachen glamourös, früher aber habe man Comics keine Beachtung geschenkt. Doucet hatte auch keine Beziehung zur Comicszene, die fast ausschließlich männlich und total obsessiv gewesen sei. Sie bestehe hauptsächlich aus Spezialisten, die über nichts anderes als Comics reden konnten. In diesem Zusammenhang kommt sie auch auf Joe Matt zu sprechen und seine vergebliche Suche nach dem perfekten Strich. Für Doucet sei es keine harte Entscheidung, sondern eine Befreiung gewesen, von der Comicszene in die Kunstwelt zu wechseln und damit die Freiheit zu erhalten, alles zu tun. Dort habe sie nun mit ganz anderen Problemen zu kämpfen, etwa dem Elitenproblem. Während des Gesprächs mache ich mir viele Notizen. Doucet sagt: »Autobiografie ist eine Krankheit. Oder: Ich kann mich nicht mehr selber zeichnen.«

Mittwoch, 20. April

Abends zur Buchpräsentation *Mary Wept Over the Feet of Jesus* von Chester Brown in die St. Stephen's In The Field Church, einer anglikanischen Kirche in der Nähe des Kensington Markets im Herzen Torontos. Chester stellt seinen Comic über »Prostitution and religious obedience in the Bible« vor und liest drei seiner Comicadaptionen von Bibelgeschichten aus dem Buch vor, während die Panels ohne Text und mit weißen Sprechblasen auf eine Leinwand projiziert werden. Danach diskutiert er mit der Pfarrerin und einer Sex-Worker-Aktivistin über Prostitution. Ich schaue auf das zwischen die bunten Kirchenfenster und die gewaltigen Orgelpfeifen projizierte Cover. Die Stuhlreihen sind bis zum letzten Platz gefüllt und der Mann vor mir trägt eine schwarze Trainingsjacke mit einem roten TORONTO-Schriftzug auf dem Rücken. In diesem Moment kann ich mir keine Veranstaltung vorstellen, die noch mehr *torontonian* ist.

Donnerstag, 2. Juni

Um kurz vor sechs bin ich im Appel Salon in der Public Library und treffe dort Val. Schönes Plaudern bis zur Lesung mit Don DeLillo. Die Lesung und das anschließende Gespräch sind umwerfend. Das für mich Besondere ist, dass sich wie bei den Veranstaltungen mit Daniel Clowes und Seth und Miranda July und Sheila Heti, DeLillo und der Moderator schon lange kennen und sich miteinander auf eine freundschaftliche, witzige und vollkommen unsteife Art unterhalten. DeLillo ist charmant, schlagfertig, selbstbewusst und gleichzeitig angenehm bescheiden. Angesprochen auf den auch bei seinen Büchern zu beobachtenden Auflagenrückgang, antwortet er, dass er sich schon immer gewundert habe, dass seine Art von Literatur mehr als fünftausendmal verkauft werde. Der Moderator erwähnt, dass er ein Interview mit DeLillos Agentin gelesen habe, worin sie behaupte, auf sein Meisterwerk *White Noise* Einfluss gehabt und es mitkonzipiert zu haben. Das weist DeLillo entschieden von sich. Seine Agentin könnte froh gewesen sein, antwortet er, wenn sie das fertige Manuskript überhaupt lesen durfte.

Montag, 27. Juni

Abends mit Alexandra in die Horseshoe Tavern zum Konzert der Kiefer Sutherland Band. Der Auftritt ist besser als befürchtet, allerdings irritiert das Publikum. Wir zählen mit Abstand zu den Jüngsten, sehen viele beige Shorts und Badelatschen und kommen uns vor wie auf einem Kreuzfahrtschiff. Noch surrealer: Vor uns auf der Bühne in dem kleinen Saal singt und rockt tatsächlich Jack Bauer aus *24*.

Samstag, 30. Juli, Toronto/Moncton (New Brunswick)

Um halb 7 mit dem Taxi zum Flughafen Billy Bishop. Warten in der gemütlichen Porter-Lounge und um 8 Uhr mit dem Flugzeug und einem Zwischenstopp in Ottawa nach Moncton. Die Abfertigung geht rasend schnell. Leider ist im Autoverleih der reservierte Corolla nicht mehr vorhanden, stattdessen bietet man uns einen Jeep Cherokee an. In Toronto bin ich schon einmal Jeep gefahren und fühlte mich dabei wie Big Jim, irgendwie steif, eckig und unbeweglich, so dass wir dankend ablehnen. Während aus der Downtown-Filiale ein Corolla zur Mietwagenstation gefahren wird, warten wir im Flughafencafé und vertreiben uns die Zeit mit Internet und Tagebuch schreiben. Ein Schild warnt *No Alcohol Beyond This Point* und droht mit der fein austarierten Geldstrafe von 172,50 Dollar. Um 14 Uhr bekommen wir unseren Wunschmietwagen und fahren nach Shediac, in die laut Selbstauskunft »Welthauptstadt des Hummers«. Leckeres Mittagessen in der Sand Bar direkt an der Bucht, danach Spaziergang am Kai entlang. Der Parkplatz ist voll. Junge Männer mit Baseballkappen und Sonnenbrillen stehen in Shorts auf den Ladeflächen ihrer Pritschenwagen und werfen sich einen Football zu. Kinder rennen mit Anlauf auf die Kaimauer zu und hüpfen ins Meer, teilweise mit Überschlag und waghalsigen Kopfsprüngen. Die Angler sitzen seelenruhig daneben und fischen. Mit dem Auto zu unserem Bed and Breakfast in Moncton. Bizarr-konfuse Begrüßung durch die Betreiber, ein chinesisches Ehepaar, in deren Wohnzimmer, das gleichzeitig auch als Esszimmer und Frühstücksraum dient. Auspacken und Spaziergang durch die Stadt. Nach einem Zwischenstopp im Comicshop gehen wir zum Tidal-Bore-Aussichtspark. Wir nehmen auf der gut gefüllten Zuschauertribüne Platz und sehen erstaunt-gelangweilt mehreren Surfern dabei zu, wie sie im gleichmäßigen Tempo minutenlang auf der kleinen, durch den Gezeitenwechsel verursachten Flutwelle über den schlammroten Fluss reiten. Danach schlendern wir durch Moncton und besuchen die 250-Jahr-Feier der Permanent Settlers Association. Live-Musik von einer unmotivierten Countryband, in deren Ansagen jedes dritte Wort *Beer* ist, und Kauf eines vorgefertigten, überraschend guten Frozen Joghurts. Danach zum Laundromat, dem angeblich angesagtesten Club der Stadt. Abgeschreckt von den einzigen drei männlichen Gästen gehen wir zurück zum

Plan B, einer Musikkneipe, in der an diesem Abend Willie Stratton auftreten soll. Bier und Pirogi, dabei sind wir Zeugen des Soundchecks. Später zahlen wir jeweils sechs Dollar Eintritt und sind lange Zeit die einzigen Gäste. Als das Konzert um kurz nach zehn beginnt, sind immerhin vier oder fünf weitere Gäste erschienen. Willie Stratton steht neben uns am Tresen, während seine Begleitband Them Other Johns den ersten Teil des Konzerts bestreitet. Die Musik ist extrem anstrengend. Mit einem schlechten Gewissen zahlen wir in einem unbeobachteten Moment und verlassen das Lokal, noch bevor Willie Stratton aufgetreten ist, und laufen durch die Nacht zurück zu unserem Bed and Breakfast.

Sonntag, 31. Juli, Moncton/Halifax (Nova Scotia)

Frühstück im Esszimmer der chinesischen Gastgeber, danach mit dem Auto auf der Leuchtturmroute Richtung Halifax. Zwischenstopp in Memramcook am Monument-Lefebvre, einer ehemaligen Schule für Akadier, die Nachkommen der französischen Siedler in Nordamerika aus dem 17. Jahrhundert. Besichtigung des Museums, des Theaters und der beeindruckenden, gerade stattfindenden Oldtimer-Autoshow im Park des Anwesens mit urigen Oma-Duck-Autos bis hin zum DeLorean DMC-12 aus *Zurück in die Zukunft*. Danach weiter nach Sackville. Die schöne kleine Stadt steht ganz im Zeichen des diesjährigen Sappy-Musikfestivals, bei dem zahlreiche lokale Musiker und Bands drei Tage lang im Festivalzelt auf der Hauptstraße auftreten. Auch Arcade Fire gaben hier 2011 ein Überraschungskonzert in voller Besetzung, angekündigt unter dem Tarnnamen *Shark Attack!* Gutes, preiswertes Essen in einem koreanischen Restaurant, danach holen wir Kaffee für die Fahrt im *Tim Hortons* am Autobahnzubringer. Die Warteschlange ist lang. Genau vor uns stehen zwei Männer, einer der beiden ist riesig und trägt einen Cowboyhut, den wir sogleich wiedererkennen. Der Hut gehört Willie Stratton, der mit dem Gitarristen und Sänger der Them Other Johns ansteht. Sofort steigt in mir die Scham hoch, gestern nicht bis zu Willie Strattons Auftritt geblieben zu sein. Die Schlange bewegt sich nur langsam voran. Ich schaue verlegen zu Boden und habe viel Zeit, mich zu schämen. Nach dem Kaffeekauf Fahrt nach Halifax. Um halb fünf Ankunft in dem Hotel, in dem wir schon im Februar letzten Jahres untergekommen waren. Auspacken, kostenloser Kaffee und Kuchen im Speiseraum des Hotels, danach schöner langer Spaziergang durch Halifax. Wir laufen über das große Sommerfest an der Hafenpromenade. Fröhliche Kinder sausen an einem Pier zwischen einem weißen Museumskriegsschiff und einem mit einem lustigen Gesicht bemalten Schlepper eine Seilbahn herunter. Einkehr im Patio eines Biergartens. Der Himmel über der Insel mit dem Leuchtturm ist ein endlos schäumendes Meer.

Montag, 1. August, Halifax/Lunenburg

Bis halb 8 geschlafen. Vormittags Spaziergang durch Halifax, Besuch des ausgezeichneten Comicshops und Mittagessen bei einem leider nicht so guten Libanesen. Hinterher mit dem Auto nach Peggy's Cove, einem idyllisch gelegenen, von Touristen allerdings überlaufenen Fischerdorf. Eis essen und Spaziergang. In einem Souvenirgeschäft staune ich über die feingliedrige Beileidskartensortierung. Verlust der Schwester, des Sohnes, des Großvaters. Nach Alzheimer. Verlust eines geliebten Menschen. Verlust eines Haustieres. Danach mit dem Auto nach Lunenburg in ein winziges, aber ultragemütliches Cottage mit Atlantikblick, Hasenstall und einer Feuerstelle plus Sitzbank vor dem Häuschen. Abendspaziergang und lesen auf der Veranda. *Weißes Rauschen* von Don DeLillo.

Dienstag, 2. August, Lunenburg

Kaffee auf der Veranda und schöner Spaziergang zum Seerosenteich mit dem kleinen gelben Tretboot. Frühstück, Internet und Kolibrisichtung. Fahrt zum Hirtle's

Beach und langer einsamer Strandspaziergang. Mittags in Lunenburg, eine ursprünglich von Deutschen besiedelte, 1753 gegründete Kleinstadt am Meer, die heute Unesco-Weltkulturerbe ist. Spaziergang durch den schönen, mit Fähnchen geschmückten Ort. Seafood-Pizza, Eis und Handtuchkauf. Abends Badminton am Cottage und Königsfischersichtung.

Mittwoch, 3. August, Lunenburg/Sandy Bottom Lake

Bis 7 Uhr traumhaft ruhig geschlafen. Morgenkaffee bei den kuscheligen Hasen, die sich auf ihre Hinterläufe stellen, uns beschnuppern und im Stall ihre Kunststücke vorführen. Anschließend Frühstück im Cottage, packen und Anlegen einer neuen iPhone-Playlist für unterwegs. Autofahrt mit Zwischenhalten in West Berlin und East Berlin und Fotos unterm Ortsschild. Weiter, vorbei an Brooklyn, bis nach Liverpool und gutes Mittagessen in einem German Restaurant mit Fahnenmast und gehisster Deutschlandflagge vor der Veranda. Danach mit dem Auto in unser Bed and Breakfast am Sandy Bottom Lake. Die Lage am See ist traumhaft. Wir trinken Kaffee am Pool und essen den von Adele, unserer Gastgeberin, selbstgemachten Käsekuchen und Apfelstrudel in unserem Zimmer, währenddessen im Fernsehen ein olympisches Frauenfußballspiel läuft, dass die Kanadierinnen mit 2:0 gegen die Australierinnen gewinnen. Anschließend langer Spaziergang durch die Nachbarschaft in Begleitung von Kelsey, der verspielten Haushündin. Im See entdecken wir einen riesigen Biber. Ganz entspannt paddelt er durch den See und knabbert mit lauten Schmatzern an den Seerosen. Adele serviert frisch gebackenes Brot und erzählt, dass der Biber schon seit 20 Jahren im See haust, auch regelmäßig an Land kommt und ihre Blumenbeete kahl frisst. Um halb zehn im Zimmer, lesen und Schlaf. Der einzige Wermutstropfen: Gut hörbare Schnarcher aus dem Nebenraum.

Freitag, 5. August, Sandy Bottom Lake/Digby

Bis halb 8 geschlafen. Frühstück, packen und danach mit dem Auto nach Bear River und Spaziergang durch den hübschen Ort mit zahlreichen sehenswerten Kunstgalerien und Cafés. In einem aus der Zeit gefallenen Tante-Emma-Laden kaufen wir Postkarten und Kuchen und fahren danach in die Küstenstadt Digby, in die laut Selbstauskunft »Jakobsmuschelhauptstadt der Welt«, und beziehen dort ein überraschend großes Apartment am Hafen. Einkauf bei Sobeys, zurück ins Apartment und Mittagessen. Hinterher Schlaf, Kaffee und gemütliches Computern auf dem Balkon. Am frühen Abend schlendern wir über den Markt mit den Verkaufsständen der Digby Scallop Days. Wir lauschen einer Live-Band, verfolgen auf dem Festplatz die Krönung der diesjährigen Jakobsmuschelkönigin und teilen uns dabei die Sitzbank mit der stolzen Mutter der frisch gekürten Scallop Queen. Abendspaziergang durch die Stadt und den Hafen und zurück ins Apartment. Auf dem Balkon Apple Crumble Pie mit Blick auf das Meer. Instagram, Twitter und Tagebuch.

Samstag, 6. August, Digby

Bis halb 8 geschlafen. Mit dem Auto zur Fähre, die nur einmal stündlich verkehrt. Zwei Minuten vor Abfahrt erreichen wir sie. Überfahrt nach Long Island und von dort mit einer weiteren Fähre nach Brier Island. Um halb 11 Ankunft im dichten Nebel. Wir cruisen über die Insel, parken an einem Leuchtturm und wandern zur Robbenbucht. Es ist Flut und im Meer vor der Küste schwimmen mehrere Robben, die uns mit ihren kohlschwarzen Augen anschauen. Rückkehr zum Auto und Fahrt zum Treffpunkt der Walbeobachtungstour, die um halb eins beginnt. In einem kleinen, voll besetzten Trawler fahren wir aus dem Hafen heraus in die Bay of Fundy, vorbei an schwimmenden Käfigen, in denen auf engstem Raum Atlantik-Lachse aufgezogen werden. Beim Anblick der zusammengepferchten Tiere fassen wir den Entschluss, in Zukunft nur noch Wildlachs zu kaufen. Hoher, spritzender Wellengang. Bei der rasanten Fahrt durch das Meer schaukelt das Schiff heftig. Delfine flitzen hüpfend an uns vorbei. Nach einiger Zeit wird das Schiff langsamer. Wir kreisen um eine Stelle, und tatsächlich taucht nach einiger Zeit der riesige Rücken eines Buckelwals an der Wasseroberfläche auf, nur wenige Körperlängen von uns entfernt. Als der Wal senkrecht nach unten taucht, hebt sich seine majestätische weiße Schwanzflosse aus dem Wasser und die Leute auf dem Schiff jubeln. Ein weiterer Buckelwal taucht neben dem Schiff auf und stößt eine Wasserfontäne aus. Die Wale schwimmen nebeneinander, drehen sich auf die Seite und schlagen im Gleichtakt mit ihren Flossen auf das Wasser. Immer wieder tauchen sie ab und präsentieren dabei ihre vollständig aus dem Meer ragenden Schwanzflossen. Am Ende schwimmen die Buckelwale sogar zu dritt an unserem Schiff vorbei. Nach drei Stunden wieder in Westport. Selbst wenn wir kein Tier gesehen hätten, hätte sich der Preis für diese Fahrt gelohnt. Kaffee und Tee in einem Restaurant, danach Rückfahrt nach Digby.

Sonntag, 7. August, Digby

Alexandras Geburtstag. Kaffee und Frühstück auf dem Balkon. Anschließend schlendern wir über den Scallop-Day-Markt und schauen uns die kleine Shine-and-Show-Autoparade und eine Feuerwehrdemonstration an. Eine ähnliche Vorführung hatten wir vor Jahren auch schon in Bornheim gesehen, allerdings von Nachwuchs-Feuerwehrkräften. Mit dem Auto nach Mavillette. Einkehr bei *Tim Hortons* und Abstecher zu einem Akadier-Picknick in Saulnierville mit Bingo, Kirmesbuden und typisch akadischem Rappie Pie, einem Reibekuchenauflauf mit Hühnchen oder Meeresfrüchten. Der Jahrmarkt hier ist wesentlich besser besucht als die Scallop Days in Digby, auch die akadische Autoshow in Memramcook war viel größer und besser besucht als die in Digby. Cruisen zum Leuchtturm von Cape St. Mary mit einem wunderbaren Blick auf den Atlantik. Danach zum Strand von Mavillette. Liegen, lesen, sonnen und waten durch die kalte Brandung. *Weißes Rauschen*. Um 17 Uhr zurück in Digby. Kaffee und Tagebuch. Zum Abendessen Jakobsmuscheln und Schellfisch im Fischrestaurant vor der Tür. Danach schauen wir uns im Hafen die Abschlussparty mit Live-Musik und Feuerschluckershow an. Anschließend beobachten wir von unserem Balkon aus das spektakuläre Feuerwerk über der Bucht.

Montag, 8. August, Digby/Saint John (New Brunswick)

Um halb 8 Wecker. Kaffee und Frühstück auf dem Balkon, packen und um 10 Uhr mit dem Auto zur riesigen, mehrstöckigen Fähre von Digby nach Saint John. Tagebuch, dabei esse ich eine gute, erstaunlich günstige

Muschelsuppe, eine der cremigsten und besten Clam Chowders, die ich überhaupt in Nordamerika gegessen habe. Bei der Überfahrt sehen wir vom Oberdeck aus hüpfende Delfine und unter uns die gewaltigen Umrisse eines Hais. Um Viertel nach zwei Ankunft in Saint John. Spaziergang durch die Stadt, Mittagessen, um halb fünf fahren wir dann in unser leider sehr weit abgelegenes Bed and Breakfast. Abends Kino, *Jason Bourne*. Große Irritation, weil ich im Kino feststelle, dass ich ohne Brille mein Handy viel besser lesen kann als mit. Brauche ich eine neue, eine zweite oder gar keine Brille?

Dienstag, 9. August, Saint John/Lower Cape

Bis 8 Uhr geschlafen. Frühstück im Bed and Breakfast mit den anderen Gästen, dann zum Martello Tower und den Reversing Rapids, Stromschnellen in einer Schlucht – beides eher lahme Attraktionen. Danach auf schöner Strecke nach Alma und Cape Enrage. Tolles Mittagessen in einem Restaurant, Lobster Poutine und Haddock Cakes, und schöner Spaziergang zum Leuchtturm und am Strand entlang. Hinterher zu unserem Bed and Breakfast in Lower Cape. Wir haben ein gemütliches Zimmer, packen aus und fahren dann zu den Hopewell Rocks. Aufgrund des Eintritts und der baldigen Schließung verzichten wir auf die Besichtigung der Blumentopffelsen und erkunden stattdessen einen nahe gelegenen Campingplatz und anschließend den weitläufigen, parkähnlichen Garten hinter unserem Bed and Breakfast. Hasenbegegnung und Mückenverfolgung, danach gemütliches Abhängen im Zimmer mit Internet und Olympia-TV.

Mittwoch, 10. August, Lower Cape/Toronto

Um 4 Uhr wach geworden. Verschlafen ins Bad auf dem Flur gegangen und mich dabei aus Versehen ausgesperrt. 20 Minuten lang versuche ich vor der Zimmertür vergeblich, mit Klopfen, leisen Rufen und anderen Geräuschen Alexandra zu wecken, die hinter der Tür wegen des Schnarchens aus dem Nebenraum mit Ohrstöpseln schlafend im Bett liegt. Durch das Klopfen wecke ich die Zimmernachbarin nebenan, die aufgeschreckt im Nachthemd in den Flur tritt und mich kauernd am Boden vor unserer Zimmertür vorfindet. Mir ist die Situation äußerst peinlich und ich erkläre ihr meine Lage, die Frau nickt verständnisvoll und kehrt zurück zu ihrem weiterhin laut schnarchenden Mann. Nach weiteren 20 Minuten Klopfen, Rütteln und Rufens wird Alexandra schließlich wach und lässt mich ein. Um kurz nach 7 Wecker. Frühstück, packen und um halb 10 mit dem Auto zum Flughafen. Tanken und Rückgabe des Leihwagens und um 12 Uhr mit dem Flugzeug und einer Zwischenlandung in Ottawa zurück nach Toronto. Zu Hause in der Wohnung ist es irre heiß. Spaziergang durch The Junction. Wir essen Phò beim Vietnamesen. Abends schauen wir uns die nette Baseball-Komödie von Richard Linklater an und danach die Pilotfolge der vierten Staffel von *The Amazing Race Canada*, die über 5.000 Kilometer entfernt in den einsamen Eisfeldern von Yellowknife, der Hauptstadt der Nordwest-Territorien, beginnt.

Donnerstag, 11. August

John Paul erzählt, dass er mit Bridget und Katie kürzlich auch durch New Brunswick gereist sei und ihm dabei auffiel, wie still es überall war. Das stimmt: Auf unserer zehntägigen Reise haben wir kaum Vögel gesehen, auch keine Insekten oder Mücken, bis auf den letzten Tag am Lower Cape. Verantwortlich dafür sei der massive Einsatz von chemischen Insektenschutzmitteln, so John Paul, die dort auf riesigen Flächen versprüht werden und die Natur in New Brunswick zum Schweigen bringen.

Mittwoch, 17. August, Toronto/New York City (New York)

Um halb 6 Wecker, um 7 Uhr mit dem Taxi zum Flughafen. Kurze Zeit später sitzen Alexandra und ich in der gemütlichen und großzügig ausgestatteten

Porter-Lounge und arbeiten, unter anderem antworte ich dem Konsulat wegen meiner geplanten Lesung in Kingston. Nach einer Stunde Flug Landung in Newark. Wir lassen uns Zeit beim Ausstieg. Die Halle für die Einreisekontrolle ist fast leer und ich gehe auf Toilette; als ich kurze Zeit später in die Halle zurückkehre, ist ein offenkundig riesiges Flugzeug aus Peking gelandet und vor den wenigen geöffneten Schaltern haben sich jetzt endlose Warteschlangen gebildet. Langes ärgerliches Anstehen, danach mit dem Bus in die Stadt. Um 13 Uhr kommen wir in unserem Zimmer im toll gelegenen Hilton Double Tree Hotel in der Lexington Avenue an, das wir schon von einem früheren Besuch her kennen. Unser Zimmer ist groß, das Kingsize-Bett bequem und der Fernseher riesig, leider aber haben wir weder einen Kühlschrank noch eine Kaffeemaschine oder einen Wasserkocher. Alexandra verlässt sogleich das Zimmer, um sich mit ihren Kollegen zu treffen. Auspacken, um 15 Uhr schaue ich das olympische Fußballhalbfinale zwischen Deutschland und Nigeria, das Deutschland souverän gewinnt. Hinterher mit der U-Bahn zum Union Square und Spaziergang zu Forbidden Planet, wo ich zwei Hefte kaufe, darunter eine für meinen Roman sehr interessante *Cometbus*-Ausgabe mit Interviews von New Yorker Comiczeichnerinnen und -zeichnern. Anschließend zum Strand Book Store. Leider ist die Etage mit den seltenen Büchern im dritten Stock wegen einer Lesung nicht zu betreten. Ich laufe weiter zur KGB Bar, die wegen des Fringe-Theaterfestivals überfüllt ist, kaufe mir stattdessen in einem Kiosk eine Flasche Żywiec und trinke das Bier auf einer Parkbank. Anschließend hole ich mir in einem Eckladen einen Bagel mit Spiegelei und Käse, den ich ebenfalls auf der Parkbank esse. Fröhlich und frisch gestärkt laufe ich zur Nurse Bettie Bar, komme an und fühle mich sofort heimisch. Der Abend ist wunderbar. Um 22 Uhr beginnt der Gogo-Dance und um halb elf die *Take a Turn for the Nurse*-Show mit der umwerfenden Gastgeberin Shelly-*The Singing Siren*-Watson und vier hochklassigen Burlesque-Tänzerinnen. Um kurz vor zwölf endet die Show, ich laufe zur U-Bahn-Station und fahre zurück ins Hotel. Als ich ankomme, bin ich fünfundvierzig.

Donnerstag, 8. September, Toronto

Abends zur *Aladdin*-Filmvorführung und zum anschließenden Konzert von Adam Green – für sagenhafte 13 Dollar 50, also unter 10 Euro. Als Alexandra und ich um kurz nach halb neun in der Horseshoe Tavern ankommen, läuft die Filmvorführung bereits seit 20 Minuten. Der Film ist trashig, albern und charmant. Nach der Vorführung verschwindet die Mehrzahl der Zuschauer, zurück bleiben vielleicht 100 Leute, die zuerst eine gute Vorband und danach ein Wahnsinnskonzert von Adam Green erleben. Seine Band ist spitze und sieht vollkommen irre aus, besonders der Keyboarder mit dem Mega-Afro am Zintendo-Synthesizer. Adam Green hat eine grandiose Stimme und viele wunderschöne Lieder im Repertoire. *Emily*, *Jessica*, *Buddy Bradley*. *Dance with me* und *Leaky Flask*. Er ist ein echtes Energiebündel, tanzt und hüpft die ganze Zeit herum, springt mehrmals von der Bühne ins Publikum und lässt sich auf Händen tragen. Besonders beeindruckt bin ich davon, wie natürlich er sich auch abseits der Bühne gibt. Nach der Filmvorführung baute er selber den Projektor und die Leinwand ab und erfüllt bei dem langen Konzert zahlreiche Musikwünsche aus dem Publikum, dabei spielt er allein zur Gitarre auch den Klassiker *Steak for Chicken* von The Moldy Peaches und der gesamte Saal singt mit. Hinterher stellt er sich an den Merchandising-Stand und signiert geduldig Platten, T-Shirts und *Aladdin*-DVDs, die man für fünf Dollar bei ihm kaufen kann. Diese Geduld und der Verzicht auf jegliches Star- und Extrawurstsein fiel mir auch schon bei Amanda Palmer und Miranda July auf. Aus Deutschland kenne ich das nur von der Freiwilligen Selbstkontrolle um Michaela Melián und Thomas Meinecke.

Sonntag, 25. September, Toronto/San Diego (Kalifornien)

Um 8 Uhr 15 heben wir ab und landen fünf Stunden später in San Diego. Zum ersten Mal bin ich an der

Westküste. Mit dem Taxi ins Hotel am Pacific Beach. Draußen sind es 30 Grad. Das Meer ist atemberaubend – mit lang gezogenen Bilderbuchwellen, die von Weitem auf uns zurollen. Mittagessen in einem guten, günstigen Phò-Laden. Die Straßen sind voll mit Motorradfahrern und Strandbuggys.

Montag, 26. September, San Diego

Mit dem Bus nach La Jolla Cove, einer malerischen Bucht an einer traumhaften Küste. Es ist heiß, 35 Grad, und am Strand liegen zwei Seelöwen direkt neben unserer Strandtasche. Das Wasser ist eiskalt, trotzdem gehe ich hinein und bekomme fast einen Herzschlag. Die Überwindung lohnt sich. Ich schnorchle und sehe viele Fische, komme dabei den Seelöwen ganz nah und schaue in ihre kohlschwarzen Augen. Das ist schön, gleichzeitig unheimlich, weil die Tiere so groß und schnell wie Torpedos sind. Hinterher idyllischer Spaziergang entlang der Uferpromenade. Wir hören das Brüllen der Seelöwen und sehen die Pelikane, die hoch am Himmel über dem Meer ihre Formationen fliegen. Am frühen Abend mit dem Bus zum Belmont Park, einem Vergnügungspark mit einem Riesenrad, einer Achterbahn und einer Arcade-Halle direkt am Strand. Leider ist der Park aufgrund eines Stromausfalls heute geschlossen. Abendessen in einem mexikanischen Imbiss. Der Fernseher an der Wand zeigt die erste Fernsehdebatte zwischen Hillary Clinton und Donald Trump.

Dienstag, 4. Oktober, Toronto

Um 18 Uhr 30 fahre ich nach Cabbagetown und schaue mir mit Val das entscheidende Wildcard-Baseballspiel zwischen den Blue Jays und den Orioles aus Baltimore an. Val weiht mich in die Geheimnisse des Spiels ein und zum ersten Mal verstehe ich die Regeln. Die Bedeutung der Strike Zone und des Base Stealings. Val erzählt, dass es *hitter friendly parks* und *pitcher friendly parks* gibt, also Spielstätten, die mal für den Schläger, mal für den Werfer günstig sind, was in der Höhenlage Denvers mit dem Luftdruck zu tun habe, in anderen Stadien dagegen mit den Gegebenheiten des Außenfeldes. Ich wünschte, all das schon gewusst zu haben, bevor ich *Die Bären sind los* sah, die Lieblingsfernsehserie meiner Kindheit, oder das Finale der *Nackten Kanone 33⅓*. Das Spiel geht in die Verlängerung und die Blue Jays gewinnen mit 5 zu 2. Val sagt, dass er Kindern immer raten würde, Baseballspieler zu werden. Sie könnten später eine Menge Geld verdienen, hätten eine lange Karriere vor sich und das Verletzungsrisiko sei gering. Außerdem würden sie als Nachwuchsspieler bereits für das Baseballspielen bezahlt, während die Nachwuchsspieler im American Football vier Jahre lang College Football spielen müssten. Deren Profikarrieren dauerten oft auch nur zwei bis drei Jahre und würden durch Verletzungen jäh beendet. Hinzu kämen die gesundheitlichen Langzeitschäden und Gehirnverletzungen, die zu Alzheimer, Parkinson, ALS und schwerer Demenz und Depression führen können.

Samstag, 15. Oktober, Toronto/Salaberry-de-Valleyfield (Québec)

Um kurz nach 11 ins Auto. Um 16 Uhr 50 nach zwei kurzen Zwischenstopps und 500 Kilometern Fahrt Ankunft im Hotel in Salaberry-de-Valleyfield. In der Wand unseres Zimmers befinden sich zwei integrierte Waschbetonsäulen wie in einem Parkhaus. Kurzes Auspacken und frisch machen, danach in die Innenstadt. Leider ist das Restaurant, in das wir gehen wollen, voll. Stattdessen Einkehr in einem arabischen Schnellimbiss. Über der Stadt am See hängt ein riesiger Vollmond. Es gibt trockene Falafel und Schawarma mit Mayo. Wir sind so hungrig, dass wir alles aufessen.

Sonntag, 16. Oktober, Salaberry-de-Valleyfield/Québec

Um halb 8 Wecker. Frühstück im Hotel. Nach dem Packen mit dem Auto nach Québec, etwa 320 Kilometer größtenteils in peitschendem Regen. Um 16 Uhr Ankunft am Hotel. Kurzer Snack bei Subway auf der gegenüberliegenden Straßenseite, dann ins Zimmer. Am Abend Spaziergang durch die hügelige Stadt mit ihren idyllischen Gassen, romantischen Restaurants und bezaubernden Kneipen. Eine Umfrage hat kürzlich festgestellt, dass das Wichtigste für die Einwohner von Québec die Lebensfreude sei, die *Joie de vivre*, während sie für die anderen Kanadier eine eher untergeordnete Rolle spiele.

Montag, 17. Oktober, Québec

Mittags Bummel durch die Stadt. Streifzug durch ein paar hübsche Buchhandlungen und Cafés und Pause in einer Bücherei, die in einer Kirche untergebracht ist. Hinterher zum Comicshop in der Altstadt, der über ein großartiges Sortiment verfügt und wahrscheinlich der schönst gelegene Comicshop ist, den ich kenne. Nach dem Mittagessen zurück zum Hotel. Am Nachmittag fahren Alexandra und ich mit dem Bus zum Hafen am Ufer des Sankt-Lorenz-Stroms. Am Kai des breiten Flusses ankern mehrere Kreuzfahrtschiffe. Wir laufen durch die liebliche Altstadt bis in die Oberstadt an zahlreichen teuren Galerien und schöner Street-Art vorbei. Auf dem Hügel befindet sich das Luxushotel Château Frontenac, das 1893 erbaut wurde und von außen wie ein Disneyland-Schloss ausschaut. Vor dem Hotel ist eine verwehte Frauenskulptur von Salvador Dalí ausgestellt, die man für 2,5 Million Dollar erwerben kann. Wir erklimmen die 310 Stufen bis zur Zitadelle und kommen dabei an einer Sitzbank vorbei, die bestimmt 40 oder 50 Meter lang ist. Danach mühsamer Abstieg Richtung Hotel. Obwohl wir in einem thailändischen Restaurant zu Abend essen, bekommen wir am Ende einen Glückskeks ausgehändigt. In meinem befinden sich gleich vier identische Zettel: »Serious trouble will bypass you.«

Mittwoch, 19. Oktober, Sherbrooke

Nach dem Abendessen schöner langer Spaziergang durch Sherbrooke. Wir laufen an den rot, blau und grün angestrahlten Magog-Wasserfällen vorbei und hören und riechen die jungen Kiffer unter der Autobrücke. Danach durchqueren wir ein dunkles, unheimliches Parkhaus und betreten ein Café, in dem man Bubble Tea trinken und gegen Gebühr Manga-Comics lesen kann. Die lange, schmale Hauptstraße ist leer und verlassen. Am Eingangsportal des imposanten Rathauses wehen zwei riesige Banner. *Sherbrooke est Raif.* Und: *Raif Badawi Citoyen de Sherbrooke.* Wir wussten, dass die Frau des in Saudi-Arabien inhaftierten und zu zehn Jahren Haft und 1.000 Peitschenhieben verurteilen Bloggers Raif Badawi mit ihren drei Kindern nach Kanada geflohen war, aber nicht, dass sie in Sherbrooke lebt.

Donnerstag, 20. Oktober, Sherbrooke/Montréal

Um 8 Uhr 30 verlassen wir das Hotel und fahren nach Montréal. Um 10 Uhr Ankunft im Hotel. Abends mit der U-Bahn zu Drawn & Quarterly. Tolle Comicbuchpräsentation von Pow Pow Press mit drei Neuerscheinungen von Blonk, Francis Desharnais und Zviane. Hinterher lasse ich mir den Band von Blonk signieren und unterhalte mich lange mit der Übersetzerin Helge Dascher. Ihr Tipp: Ich soll unbedingt nach Guelph fahren und mir dort im Friseursalon von Seths Frau die Haare schneiden lassen.

Dienstag, 6. Dezember, Toronto

Nachmittags fahre ich in die Stadt und gehe zum Optiker. Danach laufe ich zu ABC Books und kaufe Comics. Der Händler erzählt mir, dass die teuren, seltenen Schuber mit den *Little-Lulu*-Comics, die im Comicshop in der Toronto Public Library angeboten werden, früher Joe Matt gehörten. Peter von The Beguiling, dem für mich schönsten Comicshop der Welt, hatte seinerzeit mit Joe Matt gewettet, dass er es nicht schaffe, bis zum Jahresende eine neue *Peepshow*-Ausgabe fertig zu stellen. Peter gewann und bekam als Preis die Schuber. Um 18 Uhr im Appel Salon zur Buchvorstellung von Zadie Smith. Die Warteschlange ist riesig und reicht um zwei Ecken bis zum Fahrstuhl. Zadie Smith erzählt klug und voller Eloquenz von ihrer Arbeit, aber auch von den Mühen und der vielen Zeit, die es sie koste, einen Aufsatz für den New Yorker oder die New York Review of Books zu schreiben. Die Veranstaltung ist großartig und Zadie Smith witzig und vollkommen uneitel: »I think of intelligence as an act of will.«

Wasserflugzeuge (2017)

Mittwoch, 5. April

Der Wecker klingelte heute bereits um 5 Uhr 30. Kaffee und lesen im Bett, danach Obstfrühstück und keine Morgengymnastik. Früh an den Schreibtisch, wo ich in einem Zug das angefangene Romankapitel roh zu Ende schreibe. Ich frage mich, wie lang der Roman am Ende werden wird. 400 Seiten? 500? 600? In den letzten Tagen und Wochen habe ich viel über meine Situation und das Leben im Ausland nachgedacht. Karrieretechnisch ist der Schritt für mich sicherlich eher ein Nachteil, ansonsten aber ein Riesengewinn – persönlich und damit letztlich auch literarisch. Vor allen Dingen gewinne ich Schreibzeit. Um 10 Uhr ziehe ich mich an, kaufe in einem Schreibwarengeschäft schwarzen Karton als Hintergrund für die zu rahmende Comicseite von Gabrielle Bell und anschließend Obst bei The Sweet Potato. Es ist ein schöner Tag. Nachdem es gestern fast den gesamten Tag über stark geregnet hat, scheint heute überraschenderweise die Sonne. Froh gelaunt bummle ich durch die Straßen. Auf dem Balkon eines Hauses sitzt eine junge Frau mit langen schwarzen Haaren, spielt Gitarre und singt dazu. Abends mit der U-Bahn zur St. George Station. Ich schlendere in die bpNichol Lane und fotografiere das schöne, in den Beton eingelassene Gedicht.

Danach hole ich Monika vom Empfang in der Munk School ab. Wir laufen durch Harbord Village in das Mod Club Theatre in Little Italy. Der Abend ist wunderschön: zwei Dichterinnen auf einen Schlag. Das mitreißende Konzert von Kate Tempest und die Gespräche mit Monika, die ich so mag. Monika und ich reden über unsere Punkmusik-Vergangenheit, die Selbstständigkeit und auch die Selbstzweifel, die einen immer wieder plagen. Monika erzählt, dass sie sich von einem Literaturpreisgeld einen schwarzen Jaguar gekauft habe – noch bevor sie ihren Führerschein besaß. Sie hatte ihn sogar noch später im Leben als ich gemacht und war wie ich durch die erste praktische Fahrprüfung gefallen. Ihr Freund wartete bereits mit dem schwarzen Jaguar auf dem Parkplatz. Nach dem Konzert laufen wir zur Bushaltestelle und fahren mit dem Bus zur Ossington Station. Monika erzählt, dass sie einen Tag vor ihrer Toronto-Reise mit dem Rauchen aufgehört hat – nachdem sie letztes Jahr nach langer Abstinenz wieder damit angefangen hatte. Im U-Bahn-Tunnel verabschieden wir uns und fahren in entgegengesetzten Richtungen weiter.

Samstag, 29. April, Berlin

Um 5 Uhr vom Vogelgezwitscher wach geworden und Schwierigkeiten gehabt, wieder einzuschlafen. Nach dem Frühstück zum Friseur. Beim Betreten des Ladens werde ich erst ignoriert und dann angeranzt: »Hey, machen Sie die Tür zu, es ist kalt hier drinnen!« Zwei Frauen frisieren zwei Männer, die dritte Frau ignoriert mich weiter. Wortlos verlasse ich den Laden wieder, kaufe Brötchen und kehre zurück ins SUKULTUR-Büro. Wahrscheinlich haben die kanadische Freundlichkeit und das permanente höfliche Entschuldigen mich überempfindlich und unbrauchbar für das Leben in Berlin gemacht.

Freitag, 5. Mai, Toronto

Nachmittags hören wir Lieder aus Bob Dylans christlicher *Born Again*-Phase als Vorbereitung auf den Abend. Um 20 Uhr laufen wir durch die Nachbarschaft zum von John Paul organisierten Konzert *Spirit Songs: Bob Dylan* in der Redeemer Lutheran Church an der Bloor Street West. Als wir um zwanzig nach acht in der vollen Kirche ankommen, beginnt gerade das Konzert mit John Paul, seinem Freund Neil Clark, dem Gitarristen der früheren schottischen Band Lloyd Cole and the Commotions, und dem charismatischen Folksänger Ken Whiteley. Der Abend ist wunderschön – der Ort, die Programmgestaltung, die Auswahl der Lieder und die klugen Moderationen und Erläuterungen von John Paul und den Gästen. In der Konzertpause trinken wir Kaffee, ich esse Samosas und unterhalte mich mit Christine, Peter und Bridget. Dann geht es weiter. Die zweite Hälfte des Konzerts gefällt mir noch besser als die erste. Ken Whiteley dreht richtig auf, die ganze Kirche singt bei *Gotta serve somebody* mit und als letztes Lied spielt die Band dann *Like a rolling stone*, bei der zwei Mitglieder der Gemeinde frohlockend aufstehen und raumgreifend vor dem Altarraum tanzen. Es ist ein sehr bewegender Abend und ein tolles Konzert, das um kurz vor elf endet. Vieles an der nordamerikanischen Mentalität erscheint mir hinterher verständlicher. Die Romantik der Folkmusik, der Selbstbehauptungswille, das gemeindehafte Denken, selbst dieses umständliche Wahlmänner-Prozedere. Ich erinnere mich an meinen Aufenthalt in Baltimore, als ich an dem Kellertheater in der St. Paul Street vorbeilief und dabei dachte, wie schön es sein müsse, für genau diese Bühne Texte zu schreiben. Nicht für irgendein abstraktes Publikum, sondern ganz konkret für dieses Theater und die Menschen in dieser Straße.

Freitag, 26. Mai, Burlington (Vermont)

Traurige Nachricht auf Twitter: Denis Johnson ist im Alter von 67 Jahren gestorben. *Train Dreams* ist eines meiner Lieblingsbücher und *Jesus' Son* hat damals einen Riesigeneindruck auf mich gemacht. Im Internet lese ich, dass Johnson *Jesus' Son* geschrieben hatte, um seine Steuerschulden zu bezahlen. Überteuertes Frühstück in einem Pancake-Laden, danach Bummel durch die verregnete Innenstadt. Besuch einer Kunstgalerie, anschließend Einkehr in einer gemütlichen Teestube, in der ein junger Mann mit Hut an einem Tisch sitzt und einen Stapel Papierbögen mit der Hand zusammennäht. Nachdem er am Tresen bezahlt hat, nimmt er seine Tasche und einen Geigenkoffer vom Boden und verlässt die Teestube – was für ein idyllisches Bild! Auf Twitter lese ich einen Tweet von Austin Kleon (*Steal like an Artist*), der James Kochalka zum Geburtstag gratuliert und einen schönen Diary-Eintrag von ihm zitiert: »Maybe I don't need to be an artist. I think I could be satisfied just with being an awesome dad«. Das führt zu meinen grundsätzlichen Gedanken, dass das Leben wichtiger als die Kunst ist und das Hauptwerk des Künstlers stets sein Leben sein sollte. Um Viertel nach sechs in die Stadt zum American Flatbread Restaurant, das uns James Kochalka empfahl, in dem sich aber eine Riesenwarteschlange gebildet hat. Wir gehen weiter, suchen und finden El Cortijo, ein mexikanisches Diner und ebenfalls eine Empfehlung von James, in dem wir glücklicherweise noch einen Platz finden. Das Essen ist hervorragend, hinterher machen wir noch einen kurzen Abstecher ins Hotel, laufen danach zum ArtsRiots und kommen dort um 20 Uhr an. Der Auftrittsort ist eine große scheunenartige Halle mit einer Bühne, einer kleinen Bar und mehreren Sitzecken. Es gibt auch noch eine angeschlossene zweite Bar und einen Freiluftbereich mit mehreren Food Trucks. Der Konzertraum hat etwas von einer Dorfdisco und ist sehr gemütlich – so wie die ganze Stadt mit ihren Studenten, der Fußgängerzone, den Bergen und dem Lake Champlain. Insgesamt spielen am Abend vier Bands. Bevor das Konzert losgeht, spreche ich James Kochalka an, lasse mir die mitgebrachten Bücher signieren und kaufe ihm für 60 Dollar ein winziges Bild ab. Er ist supernett und die ganze Atmosphäre extrem familiär. Ich sehe Amy, Eli, seine Bandkollegen, auch seine Mutter ist unter den Gästen. Um kurz nach halb neun fängt die erste Band zu spielen an, danach spielt James Kochalka einen kurzen Gig mit seinen alten Bandkollegen: *Magic Finger*, *Hockey Monkey* und *Monkey vs. Robot*. Die Band ist großartig und hat viel Spaß, sie besteht aus Mitgliedern von The Zambonis, einer Gruppe, die nur Lieder über Eishockey machen. Auf der Bühne ist ebenfalls der Multi-Instrumentalist und Musikproduzent Peter Katis, der auch Mitglied bei James Kochalka Superstar und The Zambonis war, schon Platinschallplatten erhalten und u. a. Alben von The National produziert hat. Die Stimmung ist wunderbar und extrem ausgelassen. Danach spielen Uncle Monsterface aus Brooklyn, sehr lustig, und zum Schluss James Kochalka mit seiner Band aus Burlington inklusive Jason Cooley, der in den Comics von James immer als Hund dargestellt wird. Es ist eine Megashow mit vielen lieb gewonnenen Liedern und ich filme mit meiner Kamera bestimmt den halben Auftritt. Mitten im Konzert macht James 50 Liegestütze, er bekommt eine Geburtstagstorte überreicht, verschenkt CDs, außerdem Poster und einen tollen Fungus-Druck, den er mir gibt. Um halb eins ist das Konzert zu Ende und wir sind ganz begeistert und glücklich. Erst auf dem Heimweg wird mir klar, wie viel James Kochalka mir bedeutet und welchen Einfluss seine Arbeit auf mich hatte: Seine Bücher und Gedanken – *Kissers*, *Quit your job* und *Craft is the enemy* – und die Intimität seines täglichen Internettagebuchs. Es ist nicht notwendig, dass ein Künstler, den man mag, sympathisch ist, aber es ist toll, wenn es so ist.

Sonntag, 3. September, Toronto/Lavigne am Lake Nipissing

Um 11 Uhr Aufbruch und um halb zwei Pause in Parry Sound. Mittagssnacks bei Harvey's, danach Schlendern durch den hübschen Ort. An der Georgian Bay sehen wir Wasserflugzeuge landen und starten, in denen man ab 100 kanadischen Dollar pro Rundflug mitfliegen könnte. Ein endloser Güterzug zockelt auf der gigantischen Eisenbahnbrücke über der Stadt und ich muss an Jakob von Hoddis' Gedicht *Weltende* denken: *Die Eisenbahnen stürzen von den Brücken.* Weiter mit dem Auto und Thurston Moore nach Lake Nipissing und Fahrt durch die traumhafte nordische Landschaft. Um kurz vor sechs am Cottage. So hoch im Norden Kanadas war ich noch nie. Die Hütte ist winzig, aber supergemütlich und hat einen überwältigenden Seeblick. Vor der Hütte befindet sich ein Steg mit einem Bootshaus, in dem man kostenlos Kanus oder Kajaks ausleihen kann. Wir packen rasch unsere Sachen aus und grillen auf dem Gasgrill auf der Terrasse Würstchen. Abendessen mit Bier und einem ultraromantischen Sonnenuntergang. Um halb neun in die Hütte. Tagebuch und duschen.

Montag, 4. September, Lavigne am Lake Nipissing

Komische Träume. In der Nacht stürmt es fürchterlich und uns erreichen die Ausläufer des Tropensturms Harvey, der in den Vortagen in Texas für verheerende Überschwemmungen gesorgt hat. Um halb neun stehe ich auf und mache Kaffee, draußen regnet es weiterhin wolkenbruchartig. Obwohl alle Türen und Fenster geschlossen sind, wirbeln die Vorhänge in der winzigen Küche wild im Luftzug. Frühstück mit Bagel und Aprikosen, danach ein gemütlich verpuzzelter Vormittag, bei dem ich schreibe und meinen Computer aufräume. Hinterher schöner langer Spaziergang entlang des Sees. Auf einer Wiese sehen wir ein großes grasendes Tier. Im ersten Moment halten wir es für einen Biber und entdecken erst später, dass wir ein Murmeltier vor uns haben. Mittagessen in der Hütte, dabei gemütliches Sortieren von Fotos. Um 17 Uhr mit dem Auto nach Sturgeon Falls. Langer Spaziergang durch den schönen Ort und Besuch einer gemütlichen Kneipe und einer altertümlichen Bingo-Halle. Die Gegend ist von vielen Frankokanadiern bewohnt und an den Häuserwänden und Veranden fallen uns die auffällig angebrachten, großen fünfzackigen Sterne auf, die wir auch schon bei den Akadiern in Nova Scotia bemerkt hatten und mit denen sich die Akadier zu erkennen geben. Hinterher gondeln wir mit dem Auto durch die Siedlungen an der Waterfront. Eine Villa hat sogar einen Anlegeplatz mit einem Wasserflugzeug vor dem Haus. Zum Abendessen Pizza in der urigen Lavigne Tavern und um kurz vor neun wieder im Cottage.

Dienstag, 5. September, Lavigne am Lake Nipissing

Um halb 7 Wecker. Kaffee und lesen im Bett, danach Frühstück und mit dem Auto ins 85 Kilometer entfernte Sudbury. Wir stellen den Wagen ab und besuchen zuerst kurz den Comicshop und danach länger einen großen Used-Bookstore. Am Ende kaufe ich drei Bücher: Bob Colacellos Abrechnung mit Andy Warhol *Holy Terror*, *Barefoot in the head* von Brian Aldiss und die Erinnerungen des The-Doors-Schlagzeugers John Densmore. Offenkundig habe ich eine Vorliebe für die

Sechzigerjahre. Hinterher Bummel durch die Universitätsstadt. Unterwegs kommen wir an einer *Axe Throwing Lounge* vorbei. Der Werbespruch an der Tür der Bar lautet: *It's like darts only with axes*. Mittagsbuffet in einem guten indischen Restaurant. Anschließend mit dem Auto in den Bell Park und ausgiebiger Spaziergang an der Promenade entlang. Sudbury ist bekannt für seine Nickelminen, die die Steine und Felsen in der Stadt schwarz gefärbt haben. Wir sehen putzige Chipmunks und ein schönes, gewaltiges, über fünf Meter hohes Bergarbeiterdenkmal in Form eines aus zwei Händen gebildeten Bogens. Anschließend in das Fielding Bird Sanctuary und Spaziergang auf einem Rundweg durch das Vogelschutzgebiet. Am Ufer des Kelly Lake ankert ein Wasserflugzeug. Jahrzehntelang habe ich keine Wasserflugzeuge gesehen und in den letzten Tagen gleich drei. Unter dem Schatten des Wasserflugzeugs sammeln sich Enten und ein Kormoran. Wir wandern weiter auf dem Trail entlang des Sees. Am Horizont sehe ich riesige Schornsteine und höre den Verkehrslärm des insgesamt über 8.000 Kilometer langen Trans-Canada-Highways. Die Landschaft erinnert mich an das Ruhrgebiet und ein Pink-Floyd-Cover. Wir laufen durch einen weißen Birkenwald und über einen Boardwalk, dabei beobachten wir ein Grashüpferweibchen bei der Ei-Ablage, das seine Eier in die Ritzen des Holzstegs versenkt. Der Anblick ist bizarr und auch etwas eklig. Rückfahrt ins Cottage und um 19 Uhr mit Buch und Bier auf der Veranda. Zum Abendessen grillen wir wieder Würstchen und essen dazu Kartoffeln und Salat. Es ist ein traumhafter Abend an dem ruhigen See mit einem fantastischen Sonnenuntergang. Nachdem die Sonne untergegangen ist und die Mückenangriffe zunehmen, ziehen wir uns ins Cottage zurück. Fotos sortieren und Tagebuch-Notizen am wackeligen Küchentisch.

Donnerstag, 7. September, Gravenhurst

Um halb 8 Frühstück. Mails und Tagebuch, dann Spaziergang. Wir laufen einen Trail entlang, dann durch den Park am Hafen zu den Ausflugsdampfschiffen. Auf Wikipedia lesen wir, dass am Lake Muskoka zahlreiche Prominente Cottages besitzen, unter ihnen Steven Spielberg, Tom Hanks, Edward Norton und Eddie und Alex Van Halen. Auf dem Parkplatz vor dem Dampfschiff treffen sich zahlreiche Mazda-Cabriolet-Besitzer zu einer kleinen Autoshow. Abends schauen wir die beiden letzten Folgen von *Twin Peaks* und sind hinterher ein bisschen ratlos. Der Gedanke, dass dies die letzte Folge war und keine vierte Staffel mehr folgen wird, ist traurig. Schlimmer wäre es allerdings, wenn tatsächlich noch eine Staffel gedreht werden würde.

Mittwoch, 20. September, Toronto

Um Viertel vor 12 verlässt Alexandra das Haus und reist nach Edmonton. Im Moment haben wir einen irre heißen Spätsommer in Toronto mit Temperaturen nachts um 27 Grad – in Edmonton hat es gestern geschneit. Am frühen Abend mache ich mich dann auf den Weg zum OCAD, Kanadas ältester Hochschule für Kunst und Design. Um Viertel nach sieben bin ich in dem Raum, in dem ein kleiner Empfang für Joe Sacco und die Signierstunde stattfinden soll. Es gibt einen Büchertisch, ein Buffet mit Samosas und kostenlose Getränke. Knapp 40 Leute sind bereits da und erwarten Joe Sacco, der nach einigen Minuten auch kommt, etwas isst und nach einer kurzen Begrüßung mit dem Signieren beginnt. Ich habe Glück und komme bereits als Dritter an die Reihe. Er sieht an meinen mitgebrachten Büchern, dass ich aus Deutschland komme, und wir reden über Berlin, die Stadt, in der er eine Zeit lang gelebt hat. Sacco erzählt, dass er in derselben Zeit wie Julie Doucet in Berlin war, sie aber nur einmal dort kurz getroffen habe, weil er so schüchtern war. In meiner *Palästina*-Ausgabe sind einige Zeitungsausschnitte von Rezensionen und ich berichte ihm, wie wichtig seine Arbeiten für die Etablierung des Mediums in Deutschland waren und immer noch sind. Komisch, antwortet er, denn ausgerechnet in Deutschland seien seine Comicverkäufe eher schlecht. Sacco zeichnet mir ein Selbstporträt in meinen *Palästina*-Band (*To Marc – We know the same Berlin streets, I'm sure*) und signiert mir auch noch zwei weitere mitgebrachte Comics. Die Schlange hinter mir ist weiter angewachsen. Ich bedanke mich und verlasse den Raum, setze mich auf einen Stuhl und lese in der großartigen *Cometbus*-Ausgabe mit Interviews mit New Yorker Comiczeichnern. Um zwanzig nach acht kommt eine junge Frau und erklärt, dass der Hörsaal, in dem das anschließende Gespräch mit Joe Sacco stattfinden soll, bereits geöffnet sei. Ich gehe in den Saal, der fast voll ist, habe Glück und finden einen guten Platz in der ersten Reihe. Die Veranstaltung beginnt kurz danach mit einem Gespräch, gefolgt von einer längeren Fragerunde. Sacco erzählt, dass er als junger Mann gar nicht wusste, wie schlecht er zeichne, was im Nachhinein für seine Entwicklung sehr gut gewesen sei, denn nur deshalb habe er weitergemacht und sich verbessert. Danach schwärmt Sacco von Robert Crumb. Alles, was Crumb zeichne, habe eine Seele. Wenn andere Comicmacher eine Kaffeetasse zeichnen würden, dann zeichneten sie einfach eine Tasse, bei Crumb aber spüre man sofort, dass die Tasse eine Seele, ja, sogar eine Mutter habe. Am Ende verrät Sacco, dass er im Moment an einem Comic über die Geschichte der Nordwest-Territorien arbeite, eines der neben Yukon und Nunavut drei kanadischen Territorien. Die Nordwest-Territorien sind ein riesiges Gebiet mit subpolarem Klima im Süden und arktischem Klima im Norden. Sie beherbergen die beiden mit Abstand größten Seen Kanadas, den Großen Bärensee und den Großen Sklavensee. Die meisten der insgesamt 42.000 Einwohner leben in der Nähe der Hauptstadt Yellowknife. Knapp die Hälfte der Bevölkerung sind Ureinwohner, also Inuit, Métis oder First Nations. In den Nordwest-Territorien gibt es 11 Amtssprachen, darunter Chipewyan, Cree, Gwich'in, Inuinnaqtun, Inuktitut und Dogrib.

Montag, 9. Oktober

In der Nacht schlecht geschlafen und oft wach geworden. Um halb acht Wecker. Kaffee und lesen im Bett, danach kurze Gymnastik, Knieübungen und Obstfrühstück. Anschließend am Roman gearbeitet und Notizen wegsortiert. Es macht Spaß, sich auf die Themen einzulassen, Filme und Dokumentationen zu schauen, Bücher und Comics zu lesen – jeden Fitzel, der greifbar ist. Das Problem ist nur, dass man nicht alles verwenden kann, weil der Roman sonst platzt. Das ist ein typischer Anfängerfehler. Als 24-jähriger habe ich ihn begangen und alles, was ich wusste, konnte, geschrieben und gelesen hatte, in meinen Erstling gequetscht. David Foster Wallace bezeichnet Debütromane deshalb zu Recht als »big shits«. Um 12 Uhr Mittagessen und bis halb zwei Computerkram. Joachim Feldmann schickt mir eine E-Mail und lädt mich ein, einen Beitrag für die 75. *Am Erker*-Ausgabe zu verfassen. Mittagsschlaf, danach Kaffee und Schreibtisch und weiter am Roman geschrieben. Ich erinnere mich daran, wie Wolfgang Herrndorf und ich in seiner Küche zusammensaßen und uns darüber unterhielten, was der richtige Bierpegel zum Korrigieren und Textfeilen sei, und wir beide ganz begeistert waren, als wir auf dieselbe Flaschenanzahl kamen. Lachsbagel und ein Apfel, danach Reisevorbereitungen, E-Mails und Abgleiten in die Blogarbeit. Mit Guillaume Morissette verabrede ich ein Treffen nächste Woche in Montréal. Gedanken an die *Am-Erker*-Anfrage und Idee für einen Text über das Glück. Als Kind verbrachte ich die Ferien oft bei meinen Großeltern, die in Katernberg wohnten, inmitten einer alten Essener Zechensiedlung. Sie wohnten über einer Kneipe, die vor langer Zeit ein beliebtes Ausflugslokal gewesen war, mit einem großen Teich hinterm Haus, auf dem man Bötchen fahren konnte. In dem Teich gab es auch eine Insel mit einem Haus, es war ein doppelstöckiger Holzbau mit einer Treppe zur Veranda und einem Giebeldach. In meiner Kindheit war der Teich aber schon ausgetrocknet und das Haus verfallen. Die Fensterscheiben waren eingeschlagen, die Stufen morsch und im Fußboden und an der Decke fehlten Bretter. Entlang der Straße, in der mittlerweile meine Romanfiguren wohnen, standen kleine, rote, oft baufällige Zechenhäuschen, in denen ausschließlich türkische Familien lebten. Ich mochte die Gegend und das Umherwandern, allein oder mit meinem Großvater, es hatte schon damals etwas Anachronistisches und aus der Zeit Gefallenes. Inzwischen sind alle Zechenhäuser abgerissen worden und durch neue, dicht an dicht stehende und nur durch Hausnummern unterscheidbare Reihenhäuser ersetzt worden. Wahrscheinlich wissen die Leute, die heute in den Häusern wohnen, gar nicht, wie es früher hier aussah, und ich möchte ihnen zurufen: Hey, ihr lebt auf einem Friedhof! Um kurz vor 7 Feierabend und im Pullover Spaziergang durch die Nachbarschaft. Es ist ein wunderbar lauer Abend. Ich fotografiere das Haus mit dem lila angestrahlten Motorrad auf dem Balkon und den Lichtgirlanden um den Baum und veröffentliche das Bild als Erinnerung für mich auf Instagram. Dass andere das Foto auch sehen können ist allerdings ein schöner Nebeneffekt. Genauso verhält es sich mit dem Schreiben.

Mittwoch, 11. Oktober, Toronto/Smith Falls

Vormittags packen und um Viertel nach 12 Aufbruch. Reibungslose Autofahrt mit zwei kleinen Zwischenhalten, um 17 Uhr 40 beziehen wir schließlich unser Zimmer in Smith Falls. Wir stellen nur kurz unsere Koffer ab und laufen dann in die Stadt zum tschechischen Restaurant *My place*. Schnitzel zum Abendessen, das Gulasch ist leider schon ausverkauft. Danach ins *Matty O'Shea's Pub*, eine gemütliche Sportsbar, und Abendausklang mit Eishockey und Bier.

Donnerstag, 12. Oktober, Smith Falls/Ottawa

Bis halb acht geschlafen und wirr geträumt. Mit Alexandra in den Frühstücksraum, ich schalte den Ton des Fernsehers aus, frühstücke und schreibe Tagebuch. Um 11 Uhr brechen wir auf und fahren bei herrlichem Sonnenschein mit dem Auto nach Ottawa. Unterwegs gemütliches Gondeln durch Franktown und um halb eins Kaffeepause in Carleton Place. An der Tür hängt ein Plakat für den dritten jährlichen ZOMBIE WALK FOR HUNGER durch Almonte, dessen Erlöse der Lebensmitteltafel des County zugute kommen. Weiterfahrt, um halb drei erreichen wir unser Hotel in Ottawa. Abends spazieren wir mit Nina, Alexandras Chefin in New York, ins Rideau Centre und hinterher zum Byward Market und kehren in einem sehr netten Pub von britischer Gemütlichkeit ein.

Freitag, 13. Oktober, Ottawa

Alexandra verlässt um Viertel vor 9 das Hotelzimmer. Ich mache Tee, esse einen Apple Fritter und beginne danach mit der Korrektur des fünften *Eriwan*-Kapitels. Um 12 Uhr holt mich dann Marcel vom Hotel ab, der kürzlich mit seiner Frau und Tochter von Berlin in Kanadas Hauptstadt gezogen ist. Wir gehen zusammen in die Bank Street, ich esse zum ersten Mal einen Sushi Burrito, danach spazieren wir zum Parlamentshügel und am Ottawa entlang. Später unterhalten wir uns noch lange an der Bushaltestelle und Marcel lässt einen Bus nach dem anderen passieren. Zurück im Hotel lese ich eine schöne lange E-Mail von Susan, die nach Wolfgang Herrndorfs *Die Rosenbaum-Doktrin* bereits mit der Übersetzung meiner Erzählung *Die geraffte Wahrheit dieses Tages* begonnen hat.

Samstag, 14. Oktober, Ottawa/Québec (Québec)

Um kurz vor 10 mit dem Auto nach Québec City. Kurze Pause in Grenville und Mittagessen (Cora) in Trois-Rivières. Um 17 Uhr im Hotel in Québec. Wir haben ein Superior-Zimmer mit einem großen Panoramafenster und Blick auf die Église Saint-Roch, der größten Kirche in Québec City. Kurzes Auspacken. Danach gehen wir ins Hotelschwimmbad, das erfreulicherweise sogar eine kleine Sauna besitzt.

Sonntag, 15. Oktober, Québec

Bis 8 Uhr geschlafen. Draußen regnet es in Strömen. Umdrehen und weiterschlummern, bis wir schließlich doch aufstehen und im Café Van Houtte, das wir direkt durch die Lobby erreichen können, frühstücken. Anschließend laufen wir durch den peitschenden Regen durch die Nebenstraßen. Wir besichtigen die nahe gelegene, schöne, öffentliche Bibliothek, schauen uns eine Fotoausstellung an und staunen über das große Angebot an Comics und Mangas in der Bücherei. Zurück im Zimmer. Tagebuch und Schreibtisch. Um Viertel vor vier verlassen wir das Hotel erneut und essen im Sushi Shop eine Ramensuppe. Hinterher kurzer Spaziergang im Wolkenbruch – der Regen wird immer heftiger und wir sind im Handumdrehen pitschnass. In der Nebenstraße entdecke ich eine Bar. Wir betreten sie und finden Zuflucht in der wundervollen MacFly Bar mit einem langen Tresen, drei Räumen, unzähligen uralten Flippern und tollen Arcade-Geräten, die man fast alle umsonst spielen kann. Es wird hinreißende Fünziger- und Sechzigerjahre-Musik gespielt, Jerry Lee Lewis und Lulu & The Luvvers, *Shout* und *Great Balls of Fire*, wir setzen uns gegenüber an den Ms.-Pac-Man-Duelltisch und spielen stundenlang. Es gibt nichts Besseres, was man an einem verregneten Sonntagnachmittag machen kann.

Montag, 16. Oktober, Québec

Um 7 Uhr Wecker. Ich kaufe unten im Café zwei große Becher Kaffee und bringe sie ins Zimmer. Um kurz vor 10 fahren wir mit dem Auto zum Flughafen von Québec und holen den frankophonen DAAD-Mitarbeiter David aus Montréal ab. Zusammen über einstündige Fahrt nach Trois-Rivières, dabei ausgiebig über seine geplante Doktorarbeit über deutsche Revolutionsdramen gesprochen – von Büchner, Toller, Brecht, Weiß bis Heiner Müller. Bummel durch die Innenstadt und Mittagessen in einer Pizzeria, danach zur Universität, wo Alexandra und David ihre Präsentation abhalten, während ich in der Mensa sitze und das *Eriwan*-Manuskript korrigiere. Nach der Präsentation Rückfahrt nach Québec und um kurz vor 17 Uhr Ankunft im Hotel. Tagebuch und Schreibtisch, während Alexandra sich mit John Paul und David unten in der Lobby bespricht. Um kurz vor halb sieben gehen Alexandra und ich in die Oberstadt und essen bei einem Marokkaner. Zum Nachtisch gönnen wir uns einen Crêpe in einem anderen Restaurant – es gibt so viele hinreißende Lokale in der Stadt. Um halb neun extrem satt im Zimmer. Ich schaue Football und surfe dabei im Netz. Es ist alles sehr schön. Durch das Panoramafenster sehe ich zwischen den Kirchtürmen die in wechselnden Regenbogenfarben angestrahlte Fabrikfassade. Die Fassade erinnert mich an die Taschenbuchrücken der *edition suhrkamp*, wenn sie nach Farben sortiert aufgereiht nebeneinander im Buchregal stehen.

Mittwoch, 18. Oktober, Québec/Montréal

Bis 7 Uhr geschlafen. Unten im Café besorge ich Kaffee und Sandwiches. Packen, Tagebuch und um 11 Uhr ins Auto. Erst fährt John Paul, danach ich. Um kurz nach drei kommen wir in unserem Hotel in Montréal an. Kurzes Auspacken, danach gehe ich ins angrenzende Chinatown und esse etwas. Am Nachmittag fahre ich mit dem 55er-Bus zur Rue Bernard und schlendere zu Drawn & Quarterly. Die Buchhandlung ist wegen Filmaufnahmen geschlossen, trotzdem kann ich noch kurz das *Megahex*-Buch von Simon Hanselmann kaufen. Um kurz vor sieben im Nouveau Palais. Guillaume ist schon da. Wir verbringen anderthalb sehr schöne Stunden zusammen, Guillaume erzählt mir von seinen Verlagsplänen, ich ihm von der Strobo-Hegemann-Geschichte. Was für ein Romanthema, schwärmt er. Am Ende kaufe ich ihm seinen neuen Roman ab, den er mir signiert: »MARC, MAKE FACEBOOK PAY YOU FOR YOUR DATA -G/«

Freitag, 20. Oktober, Montréal/Belleville

Um halb 10 verlassen wir das Hotel und fahren in ein

Parkhaus in der Nähe des Konsulats. Während Alexandra und John Paul zu ihrem letzten Termin aufbrechen, setze ich mich in ein Café, lese Internet und ergänze die SUKULTUR-Bestellformulare. Das Parken kostet 22 Dollar – für etwas mehr als zwei Stunden. Wir bringen John Paul mit dem Auto zum Flughafen und fahren danach weiter. Nach anderthalb Stunden Mittagessen bei Subway. Alexandra und ich beschließen, heute nicht bis nach Toronto durchzufahren, sondern eine Zwischenübernachtung in Belleville einzuschieben. Unterwegs buchen wir ein Hotelzimmer und kommen um kurz vor fünf in der Stadt an. Um halb sieben in die Mall, die gar keine Mall ist, sondern eine elend lange Zeile mit Geschäften auf beiden Seiten einer breiten, stark befahrenen Straße. Wir fahren weiter und landen schließlich in einem gemütlichen italienischen Restaurant in der Innenstadt und essen dort sehr gute Pizzas. Hinterher zurück zum Hotel und Besuch des Casinos nebenan. Die Gänge sind überfüllt. Das Casino übertrifft unsere schlimmsten Erwartungen und ist eine Automatenhalle voller Greise. Fast alle halten ein Set mit drei eingeschweißten Bratpfannen in den Händen, das man anscheinend gewinnen oder geschenkt bekommen kann. Auch Tee, Kaffee und Cola sind kostenlos, man darf die Getränkebecher allerdings nicht mit vor die Tür nehmen. Eine Frau steckt eine 100-Dollar-Note in den Automatenschlitz, einen Gang weiter gewinnt eine Greisin den Mega-Jackpot in Höhe von 17,31 Dollar. Es ist alles ziemlich erschreckend und abstoßend. Neben dem Eingang gibt es einen abgetrennten, hell erleuchteten Restaurantbereich, in dem man an Tischen wie in einer Mensa oder im Food Court einer Einkaufsmall für 13 Dollar inklusive Live-Band-Musikbeschallung T-Bone-Steak essen kann. Gibt es einen erbärmlicheren Auftrittsort für Musiker als vor diesen T-Bone-Steak-Essern?

Sonntag, 22. Oktober, Toronto

Abends fahre ich mit der Bahn zum Kensington Market zur Buchpräsentation von Guillaume Morissettes zweitem Roman bei *knife forks books*. Ich finde den Ort nicht auf Anhieb, da die winzige Buchhandlung, die aus zwei Regalen und einer Schubkarre mit Gedichtbänden besteht, im zweiten Stock eines Bauchtanzstudios untergebracht ist. Der Veranstaltungsraum ist ein langer Tanzsaal mit einer Spiegelwand. Aufgrund des empfindlichen Bodens müssen alle Besucher ihre Schuhe ausziehen und auf Socken laufen, um den Belag nicht zu zerkratzen. In der Mitte des Saals sind ein Holztisch mit einer Blumenvase roter Rosen und einem Holzdrehstuhl aufgestellt, rundherum sind etwa 20 Stühle platziert, die alle schon besetzt sind. Ich setze mich an den Rand der Bank und stelle meinen Rucksack ab. Guillaume, der gegenüber an der Wand auf einer Bank sitzt, begrüßt mich. Das Publikum besteht aus etwa 25 Zuhörern. 55 Gäste hatten ihr Kommen auf Facebook angekündigt. Um zwanzig vor acht beginnt die Lesung. Es gibt keine Getränke, dafür kostenlos Kekse, die in der Mitte des Raumes auf den Fußboden gestellt werden. Der Moderator Adam Zachary, den ich schon von einer *Metatron*-Lesung in Toronto kenne, ist eine imposante Gestalt mit langen glatten Haaren, einer schwarzen Brille und schwarzem Lippenstift. Als Erstes bedankt er sich bei den First Nations für die Gastfreundschaft. Diese Danksagung an die Ureinwohner dafür, dass sie das Land mit den Kanadiern teilen, ist inzwischen im ganzen Land bei öffentlichen Veranstaltungen üblich. Bevor Guillaume liest und seinen zweiten Roman vorstellt, gibt es zwei kleine Gastlesungen. Als Erstes liest MLA Chernoff. Er hat weiße Tennissocken an, auf deren Unterseite *more than dope* steht. Danach liest Miguel Leandro Gamboa. Eine Frau strickt, eine andere trägt stolz eine schwarze Strumpfhose mit einer langen Laufmasche zur Schau. Meine Lieblingslaufmasche, notiere ich mir in mein iPhone. Nach der Lesung beginnt die Buchvorstellung von Guillaume, sehr gut moderiert von Julie Mannell, die nicht nur interessante, sondern auch provokante Fragen stellt, auf die Guillaume offen und ebenfalls sehr geschickt antwortet. Seine rhetorische Gewandtheit und Meinungsstärke waren mir ja schon bei unseren ersten Treffen aufgefallen. Nach dem Gespräch kündigt Guillaume seinen Lieblingsteil der Buchpräsentation an: Fünf Minuten *Shit-talk*. Er regt sich über die indisch-kanadische Dichterin Rupi Kaur auf, die in einem Interview gefragt wurde, welche anderen Poeten sie empfehle, und darauf nur ausweichend und abstrakt antwortete und nur ein paar Klassiker nannte, aber die Gelegenheit nicht nutzte, junge und unbekanntere zeitgenössische Dichter zu empfehlen, was sich Guillaume gewünscht hätte, der so eine große Chance vertan sah. Als letzten Programmteil liest dann Guillaume aus seinem Roman vor, ganz orthodox die ersten Seiten und leider etwas zu lang. Nach der Veranstaltung schaue ich noch das Lyrikbuchangebot in den Regalen und im Schubkarren an, finde aber keinen der Bände, die ich suche, verabschiede mich von Guillaume und laufe zur Bahn.

Mittwoch, 1. November

Um halb zwei mit Bus und Bahn zum Vortrag von Billy-Ray Belcourt, einem jungen kanadischen Dichter der Driftpile Cree Nation, der in einem Reservat drei bis vier Stunden nördlich von Edmonton aufgewachsen ist. Das Publikum besteht aus mehr als 50 Leuten. Wie bei der Veranstaltung mit Joe Sacco gibt es vorab etwas zu essen, in diesem Fall Salate, Burritos und Tofu. Die Veranstaltung begeistert mich. Der akademisch-poetisch-kunstgeschichtliche Vortrag zu den Themen Herkunft, Indigenität, Homosexualität und Unterdrückung wird von einer Dolmetscherin gleichzeitig in Gebärdensprache übersetzt und von zahlreichen Fotos und außergewöhnlichen Filmhinweisen ergänzt. Vor ein paar Tagen war Alexandra in Begleitung von Andreas, dem DAAD-Dozenten an der University of Alberta, bei der Premiere von Billy-Ray Belcourts erstem Gedichtband in einer überfüllten Bar in Edmonton gewesen. Andreas erzählte dabei von der Universitäts-Abschlussfeier für Billy-Ray Belcourt, der seine Verwandten und die Abgesandten seines Stammes in Trachten beiwohnten. Die Feier sei sehr emotional gewesen. Der Stammesälteste sagte, dass Billy-Ray normalerweise seine Reden schreibe, er diese aber allein verfasst habe, und erklärte, wie stolz sie alle auf Billy-Ray Belcourt seien, der sogar eines der prestigeträchtigen Rhodes Scholarships erhalten habe, sie aber gleichzeitig auch von ihm erwarteten, dass er nach seinem Studium in sein Reservat zurückkehre, weil sein Stamm ihn brauche. Auf seinen Schultern lastet wirklich eine große Verantwortung. Nach dem Vortrag unterhalten wir uns kurz und am Schluss widmet er mir den mitgebrachten Gedichtband: *Marc! How joyous it is to read together. XOXO Billy-Ray.*

Donnerstag, 30. November

Abendessen und um kurz nach 8 mit der Bahn zum Konzert der Band The Burning Hell, die in St. John's leben, meinem Sehnsuchtsort auf Neufundland. Das Burdock, der Auftrittsort, ist das Hinterzimmer eines gut besuchten Restaurants. Um halb 9 öffnen sich die Türen und wir sind mit die Ersten, die den Raum betreten und zwei der fünf Hocker und einen Supersitzplatz vor der Bühne ergattern. Ganz langsam füllt sich der Laden. Das selbst gebraute Bier kostet 9 Dollar und schmeckt scheußlich. Um zehn nach neun betritt Steven Lambke die Bühne, im Raum sind vielleicht 40 oder 50 Gäste. Lambke singt mehrere Lieder allein mit seiner Gitarre, danach ruft er einen Bassisten, einen Schlagzeuger und eine Orgelspielerin auf die Bühne, seine *Imaginary Band*, und die vier musizieren für mehrere Lieder zusammen. Das sieht sehr gut aus und wir kommen uns wie im *Roadhouse* in *Twin Peaks* vor. Nach dem Auftritt mit der Band singt Lambke wieder solo. Das Burdock füllt sich weiter und im hinteren Teil des Raums wird während der Darbietung laut geredet und gelacht. Dieses rücksichtslose Verhalten ist mir auch schon beim Konzert von Lee Ranaldo aufgefallen. Wie Ranaldo beschwert sich auch Lambke beim Publikum und nach und nach wird es hinten im Raum leiser. Er beendet seinen Auftritt und nach einer kurzen Umbaupause kommen The Burning Hell auf die

Bühne. Die meisten Stühle sind inzwischen zur Seite gerückt worden. Ihr Konzert ist intim, mitreißend und ungeheuer witzig. Die drei sind Multiinstrumentalisten und absolute Könner, sie wechseln sich mit den Instrumenten ab, spielen mal Gitarre, mal Klarinette oder Schlagzeug, Bass oder Ukulele. Allerdings hätte das Konzert ein größeres Publikum verdient gehabt. Im Raum sind vielleicht 70 Zuhörer, viele davon sind Freunde und Kollegen, und die Karten haben nur 8 Dollar plus zwei Dollar Vorverkaufsgebühren gekostet. Als vorletztes Lied spielen The Burning Hell *It happens in Florida* und der ganze Raum singt mit: L-O-V-E. Hinterher signiert Mathias Kom die mitgebrachte Ukulele eines jungen weiblichen Fans. Vor knapp einem Jahr zitierte der Politiker der Piratenpartei Pavel Mayer eine Zeile der Band sogar während einer Plenarsaalsitzung im Berliner Abgeordnetenhaus: »Herr Behrendt [von den Grünen] hat auf den handwerklichen Pfusch hingewiesen und das Chaos, das dieses Gesetz anrichten wird. Insofern bleibt mir eigentlich nicht allzu viel zu sagen, außer mich mit dem Refrain meines Lieblingsliebeslieds der kanadischen Gruppe ›The Burning Hell‹ zu verabschieden: ›Pass the wine, fuck the government, I love you‹. [Beifall bei den Piraten, den Grünen und der Linken].« Wir fahren mit dem Taxi nach Hause und sind nach wenigen Minuten da.

Samstag, 2. Dezember

Mittags schlendern Alexandra und ich durch The Junction. Ich spende Comics für die Bibliothek, dann schauen wir uns den Weihnachtsbasar in der koreanischen Gemeinde an, essen ein Croissant in der neuen Mabel's-Bäckerei und später zwei günstige, erstaunlich leckere Burger bei A&W. Bei Pandemonium erstehe ich einen Essay-Band von David Foster Wallace, danach bummeln wir weiter durch die Straßen und schauen den Kindern dabei zu, wie sie in drolligen Kostümen in den Schaufenstern der Geschäfte Tänze zu Weihnachtsliedern aufführen. Besonders zu Halloween und in der Weihnachtszeit präsentiert sich unsere Nachbarschaft so lieblich wie meine alte Playmobilcowboystadt.

Mittwoch, 27. Dezember

Nachricht im Internet: Es ist die kälteste Weihnachtswoche in Kanada seit 1993 und die Leute posten Fotos von gefrorenen Seifenblasen. Zweite Nachricht: In Toronto ist von einem Parkplatz Kalbfleisch im Wert von 30.000 Dollar gestohlen worden.

Gehen (2018)

Donnerstag, 18. Januar

Mittags, beim Spazierengehen, auf dem vereisten Gehweg einen Puck gefunden.

Freitag, 9. Februar

Um Viertel vor 12 packen Alexandra und ich unsere Sachen und fahren mit Bus und Bahn in eine russische Banja-Sauna in Mississauga. Wir sind ganz begeistert! Die drei Saunen sind großartig, besonders die Banja. Im Ruhebereich laufen beeindruckende Tierdokus und das Beste ist der liebevoll eingerichtete, kuschelige Restaurantbereich mit dem wahnsinnig leckeren, russischen Speiseangebot, dem günstigen Bier und dem kostenlosen Tee. An den Wänden hängen sowjetische Propaganda-Fahnen und die Regale sind vollgestopft mit Devotionalien. Der einzige Wermutstropfen ist die ausgestopfte Raubkatze über dem Sofa, die mich mit aufgerissenem Maul und toten Augen anstarrt.

Dienstag, 20. Februar

Um Viertel nach 11 fahre ich in die Stadt, erst zu ABC Books, danach esse ich ein Falafel-Sandwich nebenan bei meinem Lieblingsaraber, dabei korrigiere ich ein Romankapitel und das *Eriwan*-Glossar. Danach suche ich mein Lieblingscafé auf, das Café M, das aber ebenso wie der Buchladen Elliot Books dichtgemacht hat. Der Grund ist, wie ich einem Aushang im Schaufenster entnehme, eine Steuererhöhung. Die Stadt hat die Grundsteuer auf der Yonge Street innerhalb von vier Jahren verfünffacht: »A building which paid $20,000 in city taxes in 2016 is now being taxed for $39,000 in 2017. Taxes in 2018 will be $59,807; $80,137 in 2019 and $100,466 in 2020.«

Freitag, 23. Februar

Im Fernsehen schaue ich mir das olympische Eishockeyhalbfinale der deutschen gegen die kanadischen Männer an. Die Deutschen gehen sensationell mit drei zu null in Führung, gewinnen am Ende mit vier zu drei und ziehen ins Finale ein. Unglaublich! Am frühen Abend fahre ich ins Rivoli. Überrascht bleibe ich auf dem Hinweg auf der Queen Street West vor dem Schaufenster eines Sportbekleidungsgeschäfts stehen und bestaune durch die Scheiben eine Ballettvorführung im

Innern des ansonsten leeren Ladens mit fünf jungen Tänzerinnen in klassisch weißen Tutus.

Freitag, 2. März

Um kurz vor zwei kommt das Umzugsunternehmen und bringt die Kleberollen, einen Abroller und 66 noch zusammengefaltete Bücherkartons zum Einpacken meiner Bibliothek. Abendspaziergang durch The Junction. Alexandra kauft Schokolade, ich lasse mir einen Knopf annähen, anschließend probieren wir ein indisches Restaurant aus, in dem wir noch nicht waren. Das Essen ist gut, das begräbnisartige Flair in dem leeren Restaurant lässt aber zu wünschen übrig. Im Hintergrund wabert ein Gebetsgesang in Endlosschleife und wir fühlen uns wie in einem Zwischenreich aus Leben und Totsein. Wie in einem Film von David Lynch, denke ich.

Freitag, 6. April

Für 200 Dollar bieten wir unser Sofa auf dem Online-Kleinanzeigenportal Kijiji an und bekommen innerhalb von fünf Minuten mehrere Antworten und Zusagen von Interessenten. Mittagessen, lesen und Schlaf, hinterher Kaffee und duschen. Kaum bin ich aus der Dusche gestiegen, klingeln auch schon zwei Männer, die das Sofa kaufen wollen. Sie schauen es sich nur kurz an, bezahlen anstandslos die von uns gewünschte Summe, tragen das schwere Sofa hinaus, befestigen es auf ihrem Pick-up und fahren los. Innerhalb von viereinhalb Stunden haben wir unser Sofa angeboten, verkauft, abholen und wegschaffen lassen. Das ist schön und traurig zugleich.

Freitag, 20. April

Zwei selbstgemachte Hähnchen-Wraps als Mittagessen, anschließend fahre ich mit der U- und Straßenbahn zum Kensington Market. Es ist ein frühlingshafter Tag, sonnig, und ich bin viel zu warm angezogen. Zuerst gehe ich zu The Beguiling und bewundere dort einen schönen Druck von Simon Hanselmann, der 725 kanadische Dollar kostet. Danach laufe ich weiter durch Chinatown zur Queen Street West. Die Marihuana-Verkaufsstellen sind überfüllt und locken mit Sonderpreisen. Überall sind Menschen. Freundinnen und Freunde stehen mit Joints in der Hand auf den Bürgersteigen, es herrscht eine fröhliche Stimmung und es riecht nach Gras. Ich kaufe bei Lush ein und bezahle bei einem Transmann mit violetten, fast durchsichtigen Haaren. Um halb sechs bin ich wieder zu Hause. Im Internet lese ich, dass man den Hanselmann-Druck in der Galerie Martel in Paris für 170 Euro erwerben kann. Beim

Abendessen erwähnt Alexandra, dass heute der 20. April sei. Natürlich, wird mir schlagartig bewusst und ich schaue sofort bei Wikipedia nach: »420, 4:20 oder 4/20 ist ein gebräuchliches Codewort für den regelmäßigen Konsum von Cannabis und wird häufig für die Identifizierung mit der Cannabis-Kultur verwendet. Ausgehend von der Zahl 420 wird um 4:20 pm Cannabis geraucht und es werden am 20. April (im US-Datumsformat 4/20) diverse Festlichkeiten veranstaltet.«

Samstag, 28. April, Toronto/Mississauga

Um kurz vor 6 Kaffee. Lesen im Bett, kurzes Stretching und Apfelfrühstück. Danach Vorbereitungen und Warten auf den Lkw. Ich vertreibe mir die Zeit in der Küche mit Tagebuchschreiben und starte die letzten Kopiervorgänge. Um kurz nach 9 sind die beiden Umzugspacker da. Um halb 10 fangen sie an, die Sachen herunterzutragen, kurze Zeit später kommt schließlich auch der Fahrer. Er macht uns sofort klar, dass nicht alles in den Container passen wird und wir uns darauf einstellen müssen, einige Sachen zurückzulassen. Einer der beiden Packer ist permanent am Fluchen und Stöhnen. Um Viertel nach 11 flüchte ich in unseren begehbaren Kleiderschrank. Nach fünf Minuten wieder raus, weil ich fast ersticke. Die Packer rackern sich zu Tode. Um 14 Uhr sind sie fertig. Nur zwei 16er-Kallax-Regale passen nicht in den Container. Alexandra und ich machen weiter die Wohnung sauber. Um 15 Uhr gehe ich zu A&W und kaufe Burger. Als ich zurückkomme, ist unser Vermieter Sid da. Kurze Schlüsselübergabe, zum Abschied schenkt er uns eine Flasche Wein. Als wir das Haus verlassen, stehen die neuen Mieter bereits vor der Tür. Mit dem Mietwagen nach Mississauga ins Super 5 Inn. Um 20 nach vier im Hotelzimmer. Wir packen nur kurz unsere Koffer aus und gehen sofort in die russische Banja auf der anderen Straßenseite. Die Sauna ist zwar extrem voll, trotzdem ist der Aufenthalt wunderbar erholsam. Um kurz vor acht Uhr wieder im Zimmer.

Sonntag, 29. April, Mississauga/Gaylord (Michigan)

Grauenhafte Nacht über einer Gruppensex-Party in den Hotelzimmern darunter. Reden, lachen, trinken, kiffen, dann wieder Sex und orgiastische Schreie. Nach einer halben Stunde treffen sich alle wieder auf dem Balkon: Reden, lachen, trinken, kiffen und lauter Sex ... So geht das die ganze Nacht. Ab 4 Uhr morgens auch noch mit lauter Musik. Wir nehmen es ziemlich gelassen, anscheinend sind wir schon in Urlaubsstimmung. Um kurz nach 7 stehe ich auf und hole Kaffee. Um kurz nach 9 Frühstück bei *Tim Hortons*, anschließend Aufbruch Richtung Michigan. Wir kommen gut durch. Um halb eins sind wir an der Grenze. Nach der Belehrung durch den Grenzbeamten Strutz dürfen wir in die USA einreisen. Um halb zwei Mittagessen im Freighters in Port Huron, danach Spaziergang entlang der hübschen Waterfront. Es ist ziemlich kalt. An der Uferpromenade sehen wir drei aufgestellte Angeln, aber keine Angler. Ich entdecke sie in den vor den Angeln parkenden Autos. Die drei sitzen geschützt in ihren Wagen und angeln tatsächlich aus ihren Autos. Wir fahren weiter, tanken und fahren bis nach Gaylord. Um zwanzig vor sieben kommen wir in dem Motel an. Auspacken, danach Spaziergang durch den schönen Ort, der in den Sechzigerjahren beschloss, einen anderen Look anzunehmen, sich heute das *alpine Dorf von Michigan* nennt und seit 1965 jährlich ein Alpenfest mit Jodelwettbewerb, Dirndln und Miss-Wahlen ausrichtet. Um kurz vor neun Einkehr in einer Taverne neben dem Hotel. Eishockey und mächtiges Essen, dazu zwei Bud Light. Zurück im Zimmer schauen wir weiter die Winnipeg Jets gegen die Nashville Predators in den NHL Playoffs. Das Spiel geht in die Verlängerung. Wir können kaum noch die Augen offen halten.

Montag, 30. April, Gaylord/Marquette

Sehr gut bis kurz nach 7 geschlafen. Ein gemütlicher Morgen, anschließend mit dem Auto nach Mackinaw City. Bummel durch die nette, touristische Innenstadt, die allerdings ziemlich ausgestorben ist. Mittagessen bei Subway, weil fast alle anderen Restaurants noch geschlossen sind. Danach Fahrt über die acht Kilometer lange Mackinac Bridge und Halt an der Touristeninformation. Wir werden mit zahlreichen Informationsmaterialien versorgt und ändern unsere Streckenplanung. Auf dem Parkplatz unseres ursprünglich als Übernachtungsort geplanten Hotels entwerfen wir im freien Hotel-WLAN die neue Route nach Marquette. Fahrt und Zwischenstopp in Munising, einer relativ öden Stadt. Wir wollen einen Kaffee trinken, die wenigen Cafés sind wegen der Vorsaison allerdings noch alle geschlossen. An einer Dairy-Queen-Filiale kaufen wir zwei Softeis und essen sie während eines Spaziergangs entlang des Ufers des noch zugefrorenen Lake Superior. Anschließend Weiterfahrt. Um kurz vor 6 kommen wir im Landmark Inn an. Heute bin ich 360 Kilometer gefahren und ziemlich müde. Auspacken und kurzes Ausruhen im schönen Zimmer, danach Abendessen.

Dienstag, 1. Mai, Marquette/Mercer (Wisconsin)

Noch besser geschlafen als am Vortag und sehr gutes Frühstück im Hotelrestaurant. Entschluss, heute einen kleinen Umweg zu fahren und im Great Northern Hotel in Mercer zu übernachten. Während der Fahrt entdeckt Alexandra einen wilden Truthahn im Wald. Wir halten bei der nächsten Gelegenheit und steigen aus dem Wagen. Direkt vor uns steht ein Reh, starrt uns an und verschwindet im Unterholz. Wir suchen im Wald nach dem Truthahn, entdecken ihn aber nicht mehr. Dafür steht das Reh noch einmal ganz nah vor uns. Spaziergang durch den Wald, während über uns zwei laute Kanadareiher fliegen. Weiterfahrt nach Mercer. Unterwegs rennt ein wilder Truthahn über die Fahrbahn, mit dem Kopf nach vorne gestreckt wie der Road Runner in den Cartoons von Chuck Jones. Um 12 Uhr Ankunft im Great Northern. Wir checken in der Honeymoon Suite ein, die groß ist und einen eigenen Hot Tub besitzt, auf deren Sesseln und Sofas aber überall weiße Hundehaare kleben. Wir gehen direkt in die Sportsbar neben dem Hotel und schauen uns das Champions-League-Fußballspiel zwischen Real Madrid und Bayern München an. Die Münchener scheiden knapp aus, was mich amüsiert. Leider ist das Essen in *Wolf's Den Bar & Grill* teuer und kaum genießbar. Mittagsschlaf, anschließend Kaffee und Spaziergang durch die Stadt. Beide Seen im Ort sind noch zugefroren. Wir sehen Kanadagänse und ein Reh und besuchen die gemütliche Library mit einem ausgestopften Schwarzbären über dem Tresen. Abends Sekt im Zimmer mit Kerzen. Bedauerlicherweise funktioniert weder die Sprudelanlage noch das LOVE-Leuchtschild über der Wanne. Gläser gibt es auch keine.

Mittwoch, 2. Mai, Mercer/Blackduck (Minnesota)

In der Nacht schlecht geschlafen und schon um kurz nach 6 durch den Lärm in der Lobby wach geworden. Unsere Suite befindet sich direkt über dem Empfangsbereich und die Regentropfen trommelten in der Nacht auf das Vordach vor unserem Fenster. Reduziertes Frühstück, um 9 Uhr verlassen wir Mercer. Stopp in Hurley, wo wir ein groteskes Vietnam-Denkmal mit Schaufensterpuppen in einem Hubschrauber fotografieren. Mittagessen in Grand Rapids, anschließend Spaziergang durch die Stadt bis zur Brücke über den Mississippi. Kaffee und Weiterfahrt nach Blackduck. Schöne Fahrt, trotz Tunnelblick im dichten Wald. Am Ende bin ich ziemlich müde. Um 18 Uhr Ankunft im Drake Motel. Auspacken und Erkundung des niedlichen Ortes. Abendessen im The Pond, dem nächsten Pub. Pizza und Chicken Sandwich, dabei Eishockey, Tagebuch und Reiseplanung. Am 21. Mai spielt Fever Ray in Seattle und wir würden uns das Konzert gern anschauen, leider sind die Tickets bereits ausverkauft und nur noch auf Online-Börsen zu unverschämten Preisen erhältlich. Um kurz nach neun wanken wir in unser Motel zurück.

Donnerstag, 3. Mai, Blackduck/Winnipeg (Manitoba)

Sehr gut bis kurz nach 7 geschlafen. Um halb 10 Aufbruch. Fahrt durch das riesige, flache und weite Indianerreservat am zugefrorenen Red Lake. Unterwegs am Straßenrand entdecken wir im Unterholz einen großen Schwarzbären. Wir halten an, wenige Meter neben ihm, sind ganz durcheinander und machen aus dem Auto ein paar Fotos. Aufgeregt fahren wir weiter. Ein paar Minuten später überquert ein Stachelschwein die Straße. Es ist ein wackelndes undefinierbares Etwas und der Anblick ist noch bizarrer als der des Bären. Weiterfahrt durch das schöne Reservat am See entlang und Halt in Thief River Falls. Das Restaurantangebot ist mager und wir kehren bei Taco John ein wegen des WLANs. Auf Wikipedia lesen wir, dass eine Gruppe von Schwarzbären in British Columbia eingesetzt wird, um eine Marihuana-Plantage zu bewachen. Schöne Weiterfahrt nach Winnipeg mit David Bowie. Problemlos über die Grenze und um halb sechs Ankunft im Best Western Downtown. Vor dem Hotel stehen schon ganz viele Jets-Fans. Heute ist das vierte Playoff-Game zwischen den Jets und den Predators. Wir beziehen ein sehr schönes Zimmer. Ausruhen und Mails an Verwandte und Frank. Um kurz nach acht verlassen wir das Hotel. Die Public-Viewing-Area ist nur fünf Minuten entfernt und die Straßen sind voll mit Fans. Das Wetter ist warm, die Stimmung fröhlich und die Fans geben den Polizisten

High five. Wir suchen einen Ort zum Essen und Eishockey-Schauen, landen bei Boston Pizza, verlassen das Restaurant aber sofort wieder, weil das Lokal viel zu laut ist. Am Ende kehren wir in Shannon's Irish Pub ein. Die Kneipe ist groß und ziemlich leer und wir haben eine tolle Sicht auf die riesige Leinwand. Ungesunde Kneipenkost, am Ende des zweiten Drittels zurück ins Hotel, wo wir uns im Bett das letzte Drittel anschauen. Die Jets verlieren mit 1:2.

Freitag, 4. Mai, Winnipeg

Um kurz vor 7 wach geworden. Duschen und gutes Frühstück. Um kurz nach 10 verlassen wir das Hotel. Ich stöbere lange im Antiquariat Bison Books und danach in zwei Comicshops, während Alexandra sich das Museum für Menschenrechte anschaut. Wir treffen uns in dem architektonisch beeindruckenden Gebäude und essen im Museumsrestaurant, danach Spaziergang ins französische Viertel Saint Boniface und Einkehr in einem hübschen Café mit äußerst leckerem Käsekuchen. Alexandra erzählt, dass der Name Winnipeg in der Cree-Sprache *schlammiges Wasser* bedeutet und der Name des Landes Kanada auf das irokesische Wort *kanata* für *Dorf* zurückgehen soll. Um kurz vor vier wieder im Zimmer. Lange Erholungspause. Um kurz nach halb acht verlassen wir das Hotel und schlendern zur First-Friday-Art-Night, die an jedem ersten Freitag im Monat kostenlose Galerie- und Atelierrundgänge im Exchange-Viertel anbietet, einem schönen hippen Viertel, das mir schon bei meinem Spaziergang am Vormittag aufgefallen war. Wir schauen uns zwei tolle Ausstellungen im autonomen Künstlerhaus Ace Art Inc. an, danach gutes indisches Essen in einer gemütlichen, studentischen Kneipe. Anschließend Bummel zu The Forth, einem zweistöckigen Kneipencaférestaurant mit einer gewaltigen Flipperauswahl, das jeden Tag schon um 9 Uhr morgens öffnet. Wegen First Friday gibt es im Außenbereich vor dem Laden an diesem Abend Live-Karaoke. Wir lauschen den Sängerinnen und Sängern inmitten der Wolkenkratzer im nächtlichen Downtown. Ein junges Pärchen singt *Bohemian Rhapsody*. Mama, uuhuuhuuhuu, I don't wanna die. Es ist ein magischer Moment und mir kommen fast die Tränen. I sometimes wish I'd never been born at all.

Samstag, 5. Mai, Winnipeg/Yorkton (Saskatchewan)

Bis 7 Uhr geschlafen. Gutes Frühstück im Hotel, dabei E-Mails und Computerarbeiten. Um Viertel nach 9 Abfahrt. Erster Halt in Minnedosa. Langer Spaziergang durch den Ort bei herrlichem Sonnenschein, Softeis an einem idyllisch-altmodischen Eis-Salon, danach Gang über den reizarmen Fun-Fest-Markt im Community

Centre. Alexandra fährt bis kurz vor Russell, danach übernehme ich wieder das Steuer. Um Viertel nach drei Ankunft in einem schmucklosen Motel in Yorkton. Kurzer Schlaf, der zweimal von früheren Zimmergästen gestört wird, die eine verlorene Brille suchen. Danach Cruisen durch den trostlosen Ort, Einkauf und mittelprächtiges Abendbuffet im Casino *Painted Hand* direkt neben unserem Motel. Um kurz vor acht zurück im Zimmer. Eishockey und gemütliches Abhängen. Die Jets dominieren in Nashville und gewinnen mit sechs zu zwei. Früher Schlaf.

Sonntag, 6. Mai, Yorkton/Saskatoon

Wegen der Zeitverschiebung schon sehr früh am Morgen wach geworden. Es ist wirklich eine tolle Sache, nach Westen zu fahren, weil man so immer eine Stunde gewinnt. E-Mail an Steffen bezüglich der Hotlist-Bewerbung, um halb 8 dann los und um 10 Uhr zweites Frühstück bei A&W. Um kurz nach eins sind wir am Hotel in Saskatoon, zum Glück können wir auch schon einchecken. Mittagsschlaf, danach Kaffee, duschen und NHL-Playoffs im Zimmer. Um 16 Uhr Spaziergang durch Saskatoon. *Paris of the Prairies*. Die Stadt gefällt uns sehr gut: der Park, die Sonnenbadenden am Ufer des Saskatchewan River, die Kanadagänse und die zuckersüße Hotelsilhouette in der Skyline. Es ist extrem warm, 28 Grad, in der Stadt herrscht eine sommerliche Stimmung und viele Männer laufen mit nacktem Oberkörper herum. Wir spazieren durch das schicke Broadway-Viertel mit vielen angesagten Cafés, Restaurants und Shops. Anschließend fahren wir mit dem Bus in einen Außenbezirk der Stadt zu *Pokey's Pinball Café*. Flippern und Bier.

Montag, 7. Mai, Saskatoon/Drumheller (Alberta)

Um Viertel nach 5 vom lauten Quietschen der Dielen über uns wach geworden. Es quietscht weiter bis kurz vor 6. Danach noch einmal bis 7 Uhr weitergeschlafen. Reduziertes Frühstück in einem fensterlosen Raum mit dem Flair eines liebevoll eingerichteten Atomschutzbunkers. Um Viertel nach 9 verlassen wir das Hotel und fahren los. Längere Pause in Oyen und Mittagessen in einem okayen chinesischen Restaurant, danach Weiterfahrt nach Drumheller. Um kurz vor sechs am Badlands Motel. Wir bekommen ein kostenloses Upgrade und beziehen die geräumige Family Suite im zweiten Stock. Abends ziemlich müde, außerdem heftiger Zahnschmerz auf der rechten Seite. Internet und Tagebuchnotizen. Heute sind wir mehr als 480 Kilometer gefahren. Eishockey-Playoffs im Zimmer. Supergemütlich.

Dienstag, 8. Mai, Drumheller

Um kurz nach 7 wach geworden. Kaffee und Müsli-Frühstück, um kurz vor 10 verlassen wir das Zimmer. Mehrere Stunden halten wir uns im Paläontologischen Museum auf, es ist riesig und begeistert uns sehr. Zwischendurch Snack im Museumsgarten in Gesellschaft zweier drolliger Erdhörnchen und Spaziergang durch die reizvolle Canyon-Landschaft. Nachmittags zurück im Motel und Schlaf. Anschließend *Scenic Tour* auf dem Dinosaurier-Pfad mit zwei aufregenden malerischen Aussichtspunkten auf ein Flusstal und den Horse Thief Canyon. Auf dem Weg dorthin überqueren wir einen schmalen Fluss mit einer an Kabeln gezogenen Fähre. Zum Abendessen Cheeseburger im urigen Last Chance Saloon in der geisterhaften Westernstadt Wayne mit nur noch 28 Einwohnern. Um kurz vor neun wieder im Zimmer. Feierabend.

Mittwoch, 9. Mai, Drumheller/Lake Louise

Tag 11. Um kurz vor 7 wach geworden. Kaffee, packen und um 9 Uhr Aufbruch. Frühstück bei A&W und danach kurzer Halt bei den wenig spektakulären Hoodoos, turmartigen, durch Erosion geformten Gebilden aus Sedimentgestein, die viel kleiner sind, als wir sie uns nach den Fotos und Abbildungen vorgestellt haben. Anschließend gemütliche Autofahrt an Calgary vorbei in die majestätische Bergwelt der Rocky Mountains. Für den Banff-Nationalpark kaufen wir einen Discovery Pass für 136 kanadische Dollar. Um 13 Uhr 30 in Canmore und gutes Mittagessen im Communitea Restaurant. Danach Spaziergang durch den künstlich-touristischen Ort. Kaffee in einer europäischen Bäckerei, Weiterfahrt und um Viertel nach fünf Ankunft im Baker Creek Mountain Resort. Unser Raum in der Moose Lodge ist ungeheuer *Twin Peaks*-artig mit dem Holzbett, dem Ledersofa mit der eingravierten Elch-Silhouette, den Elch-Bildern und Elch-Devotionalien und den seltsam gemusterten Vorhängen, die an die Jacke von Pete Martell erinnern. Teures Abendessen im Resort-Restaurant, danach Wäsche waschen und trocknen in den Gemeinschaftsräumen. Um Viertel vor zehn wieder im Zimmer. Der Kamin geht nicht an. Dafür heißes Blubberbad im großen Whirlpool in der Zimmerecke.

Donnerstag, 10. Mai, Lake Louise

Um kurz vor 7 wach geworden. Per E-Mail bekomme ich eine schöne Lesungseinladung ans Kulturwissenschaftliche Institut Essen im Oktober zum Festakt für den Amtsantritt der neuen Leiterin. Vormittags in den Ort Lake Louise. Nach einer Beratung in der Touristeninformation kaufen wir eine Dose Bärenspray für über 50 Dollar. Danach machen wir traumhafte Fotos des noch zugefrorenen Bergsees vor dem Château Lake Louise und unternehmen eine beschwerliche Wanderung durch knietiefen Schnee auf dem Bow Valley Trail. Anschließend okayes Burger-Essen in einem chinesischen Family Diner, dem einzigen geöffneten Restaurant vor Ort, da alle anderen Restaurants in der Vorsaison noch geschlossen haben. Um kurz nach zwei wieder im Zimmer. Lesen und Schlaf, nachmittags Wanderung zu einem Wasserfall in der Nähe. Auf dem Rückweg sehen wir aus dem Auto drei Rehe, die gemütlich am Straßenrand grasen. Ab 19 Uhr schauen wir im Gemeinschaftsraum mit dem eindrucksvollen Elch-Kopf über dem Kamin die letzten beiden Drittel des entscheidenden siebten Spiels zwischen den Nashville Predators gegen die Winnipeg Jets beim Stand von 1:2. Dazu indische Linsensuppe aus der Mikrowelle. Es ist supergemütlich und die Jets gewinnen am Ende mit 1:5. Wegen der schlechten Internetverbindung kann ich meinen Instagram-Post nicht verschicken, was mich ganz nervös macht. Um Viertel vor neun hoch ins Zimmer. Lesen der bizarren Einträge im Gästebuch der Cabin. Ein Pärchen lobt die Betten: *Beds are very comfortable, and have been tested to the brink of destruction.* Danach folgt ein Abschiedsbrief: *Will I survive this stay? I hope not. This world is cruel.*

Freitag, 11. Mai, Lake Louise/Jasper

Morgens Kopfschmerzen. Um kurz vor 11 Abfahrt und kurz danach Sichtung eines stattlichen jungen Rothirsches am Straßenrand. Mittagessen in Lake Louise wieder im Family Diner, in dem immer die Busse mit den chinesischen Touristen halten. Mehrstündige Fahrt auf dem Icefields Parkway, dabei zahlreiche Fotostopps. Die Aussichten in 2.000 Meter Höhe sind wahrlich traumhaft. Das Wetter ist wunderbar und ich möchte alles fotografieren, leider aber sind zahlreiche Wanderwege und Aussichtspunkte noch gesperrt. Fotosession am idyllischen Alexandra River vor der Weeping Wall mit ihren zahllosen Wasserfällen. Die Berge sind so schön gezackt wie ein riesiger Drachenrücken. Letzter Stopp am Athabasca-Gletscher. Langer überflüssiger Weg vom Parkplatz zu einem geschlossenen Parkplatz und danach anstrengender Aufstieg zu einem unansehnlichen Aussichtspunkt. Hinterher extrem erschöpft, auch von der Höhenluft. Weiterfahrt und um kurz vor sieben Ankunft in der Bear Hill Lodge in Jasper. Direkt neben unserem Hotel grast ein Rothirsch auf der Wiese. Spaghetti zum Abendessen und schöner Spaziergang. Die Stadt gefällt uns sehr gut. Sie erinnert mich an ein Eifelstädtchen – nur mit Bergen, Bären und Hirschen.

Samstag, 12. Mai, Jasper

Morgens Kopfschmerzen. Wahrscheinlich liegt es an der Höhe, knapp über 1.000 Meter. Spaziergang zum Bäcker und gemütliches Frühstück mit leckeren Vollkornbrötchen im Cottage. Später am Vormittag langer Spaziergang durch den Wald, der direkt vor unserem Häuschen beginnt. Nach einem steilen Aufstieg mehrere Rothirschbegegnungen. Eine Hirschkuh grast mitten im Wald auf unserem Wanderweg, sodass wir einen kleinen Umweg gehen müssen. Mittagessen beim Koreaner in der Ortsmitte, danach Mittagsschlaf. Hinterher Kaffee und Eishockey. Winnipeg gewinnt das erste Playoff-Spiel gegen die Vegas Golden Knights, dabei Internet, Blogarbeiten und Planung unserer weiteren Reise. Abends schöner Spaziergang in die Stadt mit Rieseneis. Wir sehen die Einfahrt des Rocky Mountaineer und die Verfrachtung der Zugpassagiere in die Busse, die sie in ihr Hotel, wahrscheinlich die Fairmont Jasper Park Lodge, bringen werden. Zwei Bekannte von uns haben auch so eine Zugreise im Panoramawagen unternommen. Ein einfaches Ticket von Vancouver nach Jasper mit einer Übernachtung kostet in der Silberklasse mindestens 1.800 kanadische Dollar und in der Goldklasse 2.500 Dollar. Die längste Zugreise mit zwölf Nächten kostet zwischen 6.800 und 11.350 Dollar. Vor dem Bahnhof steht ein Totempfahl. Er ist neueren Ursprungs und ersetzte den früher an dieser Stelle stehenden

Totempfahl, der 2011 endgültig zerfallen war. Ursprünglich stammte er aus Haida Gwaii. Zahlreiche Totempfähle waren im frühen 20. Jahrhundert den indigenen Stämmen im Westen Kanadas geraubt und zur Verzierung von Bahnhöfen in Kanada eingesetzt worden. Im Laufe unserer Reise wurden wir mit Informationstafeln schon auf mehrere kanadische Unrechtstaten aufmerksam gemacht. So hatte die kanadische Regierung im Ersten Weltkrieg männliche Ukrainer interniert und in Arbeitslager gesteckt, die unter anderem die Straßen in den Westen Kanadas gebaut und am Ausbau des Nationalparks mitgewirkt hatten. Im Zweiten Weltkrieg wurden wiederum japanischstämmige Kanadier enteignet und interniert. Männer, Frauen, Kinder, ganze Familien. Auf dem Nachhauseweg Fuchssichtung und um kurz vor zehn wieder in der Hütte. Computerkram und Tagebuch.

Sonntag, 13. Mai, Jasper

Bis halb 8 geschlafen. Duschen, rasieren und gemütliches Frühstück. Um kurz nach 10 mit dem Auto nach Maligne Lake. Unterwegs kommen wir an einem abgebrannten Wald vorbei und halten an. Mich überkommt ein eigenartiges Gefühl, als ich mich verbotenerweise durch den Wald bewege, der sehr schön ist. Als Nächstes halten wir an einer idyllischen

Flussbiegung mit zutraulichen Streifenhörnchen, die sich auf den Felsen wie Filmstars auf dem roten Teppich präsentieren, und einem lange über dem Fluss kreisenden Fischadler. Weiter zum Maligne Lake. Der See ist noch zugefroren und leider haben die Lokale noch nicht geöffnet. Hungrig fahren wir zurück nach Jasper und essen mitten in der Stadt zu zivilen Preisen eine hervorragende Pizza. Um 15 Uhr wieder in der Hütte. Schlafen, Kaffee und Tagebuch. Um kurz vor sechs mit dem Auto zu einem Parkplatz am Athabasca River und zweistündige Wanderung zum Old Fort Point Summit. Unterwegs passieren wir eine Wiese mit grasenden Bergziegen, und ich komme mir vor wie in einer Heidi-Verfilmung. Oben angekommen erwartet uns ein irrer, 360 Grad weiter Panoramablick. Eis zum Abendessen in der Stadt und um kurz vor neun wieder in der Hütte. Abhängen, aufräumen und Wäsche waschen. Auf Facebook antworte ich einem alten Schulfreund, der mich nach meiner Meinung zur dritten *Twin Peaks*-Staffel gefragt hat: »Mir hat die Staffel sehr gut gefallen, es gab zwar einige Längen und Durchhänger, etwa bei den Passagen mit Dougie Jones und Audrey, dafür aber auch etliche tolle Momente und unglaublich viele brillante Ideen und Szenen. Es war auch ganz anders, als ich erwartet hatte – und das ist natürlich super. Genial fand ich überdies das Ende, vor allen Dingen die siebzehnte Folge, und wie es Lynch geschafft hat, den

Mythos weiterzuspinnen und zu vollenden. Also mir hat es sehr gut gefallen. Parallel zum Serienschauen hatte ich mir seinerzeit übrigens die YouTube-Filme von Pete Peppers angeschaut. Dieses Easter-Egg-Suchen und parallele Spekulieren war damals extrem unterhaltsam und bereichernd.«

Montag, 14. Mai, Jasper/Valemount (British Columbia)

Bis kurz nach 7 geschlafen. Brötchenkauf und Frühstück. Um 20 vor 11 Aufbruch, tanken und endloses Warten vor einer Bahnschranke. Mit dem Auto nach British Columbia und Halt an der Provinzgrenze und den Overlander Falls. Alexandra hat ein Buch über den Overlander Trek gelesen, ein Trek, der die Strecke von Ontario nach British Columbia über die Rocky Mountains erstmals 1862 auf dem Landweg überwand, anstatt wie damals üblich auf dem Seeweg über Südamerika. Lange Pause am Fuße des Mount Robson, dem mit 3.954 Metern höchsten Gipfel der kanadischen Rocky Mountains. Wir entscheiden uns, heute nicht mehr länger weiterzufahren, sondern in Valemount zu übernachten, buchen aber, nachdem wir uns das Örtchen und das schmucklose Best Western Plus angeschaut haben, auf dem Parkplatz im frei zugänglichen Hotelinternet ein Zimmer in der nah gelegenen Willow Ranch. Kurz danach entdeckt Alexandra in einer

Infobroschüre das noch näher gelegene Twin Peaks Resort. Dort sind zum Glück alle Zimmer ausgebucht, trotzdem steuern wir sogleich das auf der Wegstrecke liegende Resort an. Es besteht aus fünf Blockhütten, liegt inmitten eines einsamen Waldes und ist ein absolut verwunschener Ort. Den Straßenrand säumen seltsame Wurzelskulpturen wie aus einer Mystery-Krimiserie und eine Krähe krächzt unheimlich aus dem Wipfel eines Baumes. Ich kann mich nur schweren Herzens von dem Ort trennen, dann fahren wir weiter und kommen um Viertel vor fünf in der Willow Ranch an. Der aus den Niederlanden stammende Besitzer des Pferdehofs begrüßt uns, steigt in seinen Pick-up-Truck, fährt vor und führt uns über eine buckelige Lehmpiste zu unserer höher- und abgelegenen Hütte. Sie besteht aus vier Cabins, doch da wir die einzigen Gäste sind, haben wir das gesamte Gelände für uns allein. Die Hütte ist gemütlich und modern eingerichtet. Sie verfügt über ein großes Bett, eine Kochzeile, einen Grill auf dem Balkon und schnelles Internet. Es ist eine wunderbare Kulisse. Wir sind von traumhaften Bergen umgeben und dürfen alle Lagerfeuerstellen auf dem Gelände benutzen. Selbst wenn wir in der Nacht von Bären gefressen oder von Serienmördern gequält werden würden, hätte sich der Aufenthalt hier oben gelohnt.

Dienstag, 15. Mai, Valemount/Little Fort

Um 7 Uhr wach geworden. Um 8 Uhr Frühstück, das man uns von der Ranch gegen einen kleinen Aufpreis zur Hütte gebracht hat. Blogarbeiten und Tagebuch, danach verlassen wir diesen wunderbaren Ort. Um halb 12 erreichen wir die River Safari Station. Obwohl wir extra morgens angerufen haben und man uns versichert hatte, dass alle 30 bis 60 Minuten ein Boot starten würde, können wir nur ein Ticket für die 13-Uhr-Bootstour kaufen. Anderthalb Stunden Warten mit einer Gruppe durchgeknallter Thailänder, die ununterbrochen Selfie-Videos drehen. Wir essen einen überteuerten, schlechten Burger und ich filme die Kolibris an der Tränke. Die 13-Uhr-Abfahrt verspätet sich noch einmal um eine halbe Stunde, dann geht es los. Wir nehmen in einem Doppelboot aus zwei miteinander verbundenen Einzelbooten Platz. Nach ein paar Minuten Fahrt bekommt Etienne, unser Guide, einen Funkspruch und wir drehen wieder um und nehmen weitere Passagiere an Bord, ein deutsches Pärchen und zwei Mitarbeiter von dem Campingplatz nebenan. Die Fahrt ist eine reine Enttäuschung. Etienne, der eigentlich Skilehrer ist, erklärt sogleich, dass wir wahrscheinlich keine Tiere sehen werden, weil die Ufer überschwemmt sind. Anstatt wie angekündigt entlegene, seichte Flussläufe zu durchqueren, schippern wir die ganze Zeit auf einer Art Genfer See im gewaltigen Abstand zum Ufer. Etienne macht es sich im hinteren Teil des Bootes gemütlich, mampft sein Mittagessen und funkt mit der Zentrale. Immerhin sorgen die Thailänder im Boot für Unterhaltung. Eine Thailänderin versteckt sich die ganze Zeit unter einer großen Decke, leider rechts neben uns auf dem Boot, sodass wir kaum das Ufer sehen können, da wir die ganze Zeit gegen den Uhrzeigersinn fahren. Zwei andere Thailänderinnen filmen sich nonstop und halten dabei immer wieder einen Kosmetikartikel vor die Kamera, offenbar eine Art Sonnenschutz in Form einer Haarspraydose. Mit einstündiger Verspätung kommen wir um kurz nach drei an die Ausgangsstation zurück. Es ist nicht nur schade um das viele Geld, das wir verschleudert haben, sondern vor allen Dingen um die verlorene Zeit. Touristennepp – das älteste Gewerbe der Welt! Weiterfahrt mit dem Auto. Alexandra bucht unterwegs mit dem Handy eine exzellent bewertete Cabin in Little Fort. Um halb sechs Ankunft im Motel. Unsere Cabin entpuppt sich als normales Zimmer direkt an der Hauptverkehrsstraße. Da der Fernseher nicht funktioniert, müssen wir noch einmal umziehen, nehmen ein Downgrade vor und beziehen ein insgesamt sogar hübscheres Zimmer im hinteren Teil des Motels. Beim Auspacken und Tagebuchschreiben stelle ich fest, dass ich mein Computerkabel in der Hütte in Valemount vergessen habe. Eishockey, Tagebuch auf Alexandras Rechner, Coors Light und ein indisches Mikrowellenessen auf der Veranda vor unserem Zimmer.

Mittwoch, 16. Mai, Little Fort/Hope

Laute Nacht in einem wackeligen Bett mit synthetischer Bettwäsche. Es ist so laut im Zimmer, dass ich den Wecker erst nach mehreren Minuten höre. Okayes Frühstück – der nette Hotelbesitzer gibt uns einen Refund von 25 Dollar für die Unannehmlichkeiten wegen unseres Umzugs. Um kurz vor 10 in einer Mall mit einem Apple Shop in Merritt. Ich kaufe für 110 Dollar einen neuen MagSafe Power Adapter – eine ärgerliche Ausgabe, da die Reise eh schon sehr teuer ist und wir sie uns überhaupt nur leisten können, weil wir zwei Monate früher aus unserer Wohnung in Toronto ausgezogen sind. Aufladen, Tagebuchnotizen und Kopieren von Songs auf das iPhone, dabei Einkauf in der Mall. Weiterfahrt und um halb zwei Stopp in Hope an einem Sushi-Laden namens Kibo. Tolles Essen und Entschluss, heute in Hope zu bleiben und nicht weiterzufahren. Auf sueddeutsche.de lese ich einen Artikel über Christian Krachts erste Frankfurter Poetikvorlesung, in der er erzählt, wie ihn Pastor Keith Gleed im kanadischen Internat missbraucht hat: »Sein ganzes Leben lang wusste Kracht dann selbst nicht, ob die Geschichte passiert war oder ob er sie sich nur eingebildet hatte. Erst als Prinz Andrew im Jahr 2017 nach Kanada kam, um an seinem ehemaligen Internat das Taufbecken zu Gleeds Ehren einzuweihen, und sich daraufhin erst drei, dann zehn, dann dreißig ehemalige Mitschüler an die Öffentlichkeit wandten, stellte er fest, dass es sich nicht um eine ›false memory‹ handelte, eine falsche Erinnerung, wie sie den Figuren bei Philip K. Dick eingepflanzt werden.« Hope ist ein kleiner, schnuckeliger Ort und hat sogar eine Buchhandlung: Baker's Bookstore. Wir fahren hin, doch leider hat die Buchhandlung geschlossen, weil der Besitzer Nat Baker, wie ein handgeschriebener Zettel an der Tür Auskunft gibt, an diesem Tag in die Stadt, das heißt nach Vancouver, gefahren ist, um sich ein Konzert von Paul Simon anzuschauen. Schon in Grand Rapids war mir ein Konzertplakat von Arlo Guthrie aufgefallen, doch ein Konzert von Paul Simon hätte meine Kanada-Jahre nach dem Art-Garfunkel-Auftritt in Niagara Falls tatsächlich perfekt abgerundet. Um Viertel vor drei im Motel. Auf Wikipedia lese ich, dass der Film *Rambo* (*First Blood*, 1982) in Hope gedreht wurde: »Former Green Beret John Rambo is pursued into the mountains surrounding a small town by a tyrannical sheriff and his deputies, forcing him to survive using his combat skills.« Mittagsschlaf, danach Kaffee und mit Alexandra Cruisen durch den Ort. Wir schauen uns einige Drehorte an, bei denen ich sofort das Gefühl habe, sie wiederzuerkennen. Die Berge im Nebel, die Straßenkreuzungen und den Bahnübergang, die Brücken über den Coquihalla River und den See, über dem ein Fischadler kreist. Um Viertel nach sechs rechtzeitig wieder zu Game drei zwischen Winnipeg und Vegas im Motel. Die amerikanische Luftwaffe lässt extra drei Jets zum Heimspiel über dem Eishockeystadion fliegen. Extrem gemütlicher Abend mit Blog und Computerkram. Leider verlieren die Jets. Abendspaziergang durch Hope. In der Stadt fallen uns die vielen Tesla-Tankstellen für Elektro-Autos auf. Ansonsten sehen wir nur wenige Menschen auf der Straße, die alle einen eher zweifelhaften Eindruck machen. »There are no friendly civilians.« (John Rambo)

Donnerstag, 17. Mai, Hope/Sooke

Schon um 6 Uhr wach geworden. Kaffee und duschen, obwohl es erst ab 8 Uhr Frühstück gibt. Um halb 9 verlassen wir das Motel, um 10 Uhr 20 kommen wir an der Fähre nach Vancouver Island an. Die Fähre um 11 Uhr ist schon ausgebucht, wir bekommen aber einen Platz auf der Fähre um 12 Uhr. Nach 90-minütiger Fahrt Ankunft auf Vancouver Island. Abstecher nach Sidney und Schlendern durch das gemütliche Rentnerparadies. Der kleine Ort hat mehrere sehr gut sortierte Buchhandlungen und Alexandra und ich werden beide fündig. Danach mit dem Auto nach Sooke in unser Bed and Breakfast. Die eigentlich nur halbstündige Fahrt dauert wegen mehrerer Staus fast dreimal so lang. Im Bed and Breakfast wird uns zuerst nicht geöffnet, danach bekommen wir ungefragt umständliche und ellenlange Erklärungen der tüdeligen Gastgeberin

Chris. Wie eine Kaffeemaschine funktioniert, was ein Kreisverkehr ist oder Subway. Dort könne man sich nach Wunsch Sandwiches belegen lassen ... Einen Fuß oder einen halben Fuß lang ... Ideal fürs Picknick. Gefühlt dauert es mehrere Stunden, bis sie uns endlich alleine lässt. Auspacken und Kaffee kochen. Der Kaffee läuft über, weil die Glaskanne nicht zur Maschine passt. Das hat unsere Gastgeberin leider nicht erzählt.

Freitag, 18. Mai, Sooke

Tag 20. Schon um 6 Uhr morgens wach geworden, weil im Nebenraum alle paar Minuten ein lautes Signal ertönt, wahrscheinlich die Computermeldungen eingehender E-Mails. Um halb 9 verlassen wir das Haus, da es erst in einer halben Stunde Frühstück geben soll: Mushroom-Omeletts. Frühstück bei *Tim Hortons*, danach mit dem Auto nach Victoria. Wir lösen ein Parkticket für drei Stunden und stromern durch die Stadt. Als Erstes zum Wasserflugzeughafen von Harbor Air, danach Schlendern durch die Stadt. Am Parlamentsgebäude übt ein Jugendorchester auf den Stufen, anschließend gehen wir zur laut *Lonely Planet* angeblich besten Buchhandlung der Stadt. Ich frage nach *Trip* von Tao Lin, die Verkäuferin erklärt mir nach einem Blick in den Computer, dass sie das Buch nur als Special Order bestellen könne, die Lieferung des 22 Dollar teuren Buches drei Wochen dauern und der Aufpreis 20 Dollar betragen würde. Unglaublich! Im Buchladen Tanner's Books gestern in Sidney hätte man mir das Buch kostenlos bestellt und die Lieferung hätte nur eine Woche gedauert. Wir schauen uns den Comicshop, ein Pfandhaus und einen kuriosen Spielzeugfigurenladen an und essen gut und günstig in Chinatown. Danach Fahrt zurück nach Sooke. Unterwegs essen wir ein Eis und entdecken in den Vorgärten mehrere grasende junge Rehe, die gemütlich an uns vorbeischlendern. Um kurz nach drei wieder im Zimmer. Lesen und Mittagsschlaf. Ab kurz nach fünf Eishockey-Playoffs. Die Winnipeg Jets verlieren das dritte Spiel nacheinander gegen die Knights aus Vegas. Anschließend mit Alexandra schöne Wanderung zum nächstgelegenen Restaurant Stickleback, das gerade schließt und schon ab 20 Uhr keine warme Küche mehr anbietet. Wir laufen weiter bis zur Shell-Tankstelle, kaufen Sandwiches und verzehren sie am vorgelagerten Picknickplatz.

Samstag, 19. Mai, Sooke

Um kurz vor 8 wach geworden. Kaffee, lesen, Blogarbeiten und um 9 Uhr am Frühstückstisch. Nettes Gespräch mit einem schottischen Pärchen, anschließend längere Wanderung durch den East Sooke Regional Park. Wir laufen zu der Bucht mit den in prähistorischer Zeit in Stein geritzten Bildern und ich filme die bizarre Mikrowelt zwischen den Felsen. Mittagessen bei A&W, Milchkauf und um 15 Uhr wieder in der Unterkunft. Candy Crush und Schlaf, danach Kaffee und Eishockey. In der *Guardian*-App lesen wir, dass in North Bend in Washington State ein Puma zwei Fahrradfahrer angegriffen und einen der beiden getötet hat. North Bend besuchen wir in zwei Tagen, und der Puma ist noch in der Gegend. Um halb sieben wandern wir wieder zum Stickleback Restaurant, im Vorraum warten bereits zahlreiche potenzielle Gäste. Eine der drei Bedienungen ist krank geworden, weshalb die Terrasse an der Waterfront geschlossen wurde und nur die Tische im Inneren des Restaurants versorgt werden. Wir müssten bis Viertel vor acht warten und wären die letzten Gäste, die heute bedient werden. Wir ahnen schon, wie schleppend das vor sich gehen würde, und beschließen, in die Unterkunft zurückzukehren und dort entweder ein indisches Mikrowellengericht oder die angepriesenen Lachsbagel von Chris zu essen. Um kurz vor acht wieder bei Chris. Die angekündigten Bagels sind noch nicht da, sollen aber in Kürze gebracht werden. Wir warten, packen und schreiben Tagebuch. Um kurz vor neun, nach mehrmaligem Drängen, bekommen wir endlich unsere Bagels.

Sonntag, 20. Mai, Sooke/Seattle (Washington State)

Um kurz vor halb 7 wach geworden. Kaffee und packen, dabei fällt mir auf, dass ich nur noch eine Tablette meines täglich zu nehmenden Medikaments im Gepäck habe. Um Viertel vor 8 mit dem Auto nach Victoria, wo wir die reservierte Fähre nach Port Angeles nehmen wollen. Da wir in die USA reisen, müssen wir schon 90 Minuten vor der Abfahrt dort sein. Unser Auto ist das mit Abstand dreckigste, und wir hoffen, nicht an der Grenze herausgewunken zu werden, da man in die USA keine Erde einführen darf. Um halb 11 legt die Fähre pünktlich mit uns ab. Nach der Überfahrt Burger King und danach zur ersten *Twin Peaks*-Location: die Kiana Lodge in Poulsbo. Wir haben Riesenglück und betreten das nur für Privatveranstaltungen zugängliche Gelände, zum Glück findet im Moment keine Veranstaltung statt. Die Tische sind aber teilweise schon eingedeckt, die Sonne scheint, obwohl es kurz zuvor noch geregnet hat. Wir laufen über das vereinsamte Gelände vorbei an den imposanten Gebäuden, gehen zum Strand und machen Fotos von Laura's Log – der Stelle, an der Pete Martell in der Pilotfolge die tote Laura Palmer entdeckt, eingewickelt in Plastik. Weiterfahrt und um 16 Uhr auf der Fähre nach Seattle. Die Skyline der Stadt ist beeindruckend. Das Wasser, das Meer, der Pazifik, dazu die Wolkenkratzer mit dem Riesenrad. Besonders beeindruckend sind die doppelstöckigen Autobahnen, die mich an *Blade Runner* erinnern.

Die Stadt ist enorm hügelig, wie wir beim Verlassen der Fähre feststellen, wir kommen uns vor wie in San Francisco, zum Glück hat unser Wagen Automatik. Nach kurzer Fahrt um 17 Uhr im Hotel Georgetown Inn. Das Hotel ist praktisch eingerichtet und genial gelegen – bereits im Fahrstuhl entdecke ich die Wegbeschreibung zum Fantagraphics Bookstore. Es gibt Frühstück und rund um die Uhr Kaffee. Als Hotelgast kann man auch die Waschmaschine benutzen, ohne Gebühr, und bekommt am Front Desk sogar das Waschmittel kostenlos zur Verfügung gestellt. Umsonst gibt es an der Rezeption auch gefiltertes Wasser, weil das Hotel keine Plastikflaschen aushändigen will. Im Hotel sind zudem keine Tiere erlaubt und das Wifi-Passwort lautet *artattack*. Auspacken, Tagebuch und frisch machen, danach laufen wir ins Ausgehviertel von Georgetown. Wir haben Glück und sehen die Reste einer Fünfzigerjahre-Show mit stylischen Oldtimern. Leckeres mexikanisches Essen, hinterher flippern und Bier bei *Flip Flip, Ding Ding*, einer zweistöckigen, bis unters Dach mit Flippern vollgestellten Szene-Kneipe. Ein toller Abend und ein toller Tag – glücklich wanken wir zurück ins Georgetown Inn.

Montag, 21. Mai, Seattle/Olympia

Um kurz vor 7 wach geworden. In der Lobby hole ich Kaffee. Lesen, duschen, rasieren und Frühstück. Danach kurzer Schlaf. Moritz schickt mir das PDF der neuen *Metamorphosen*-Ausgabe mit meinem Journaltext. Ich blättere durch das PDF und lese die Beiträge von René, Deniz und David. Anschließend spazieren Alexandra und ich zum Oxbow Park mit der Hat 'n' Boots-Installation, einem über 13 Meter breiten Cowboyhut und einem fast 7 Meter hohen Paar Cowboystiefel. Seit den Fünfzigerjahren waren sie Teil und Attraktion einer Tankstelle, die aufgrund der Sehenswürdigkeiten eine Zeit lang sogar die erfolgreichste Tankstelle des gesamten Staates war. Nach ihrer Schließung im Jahre 1988 fielen der Hut und die Stiefel der Zerstörung anheim. Durch dauerhaftes Befahren durch Skater brach die Hutkrempe ab, Anwohner von Georgetown retteten und renovierten schließlich die Installation und bauten sie im Oxbow Park auf. Pünktlich zur Ladenöffnung um halb 12 stehe ich bei Fantagraphics auf der Matte. Der Laden ist recht klein, bietet aber eine sehr gute Auswahl an Comics. Ich kaufe einen signierten *Love & Rockets*-Druck und mehrere Fanzines von Simon Hanselmann für insgesamt etwa 50 Euro. Anschließend fahren wir weiter. In Washington State ist Cannabis legal und wir entdecken unterwegs mehrere Shops mitten auf dem Land. Um kurz nach zwei kommen wir im Hotel Governor in Olympia an. Auspacken, dann fahren wir zu einer Apotheke in einem Supermarkt und ich erkläre der Apothekerin, dass ich meine letzten Tabletten aufgebracht hätte und neue brauche. Sie sagt, dass sie mir das Medikament nur gegen ein Rezept geben kann, rät mir, ein nahe gelegenes Urgent-Care-Zentrum aufzusuchen und erklärt mir den Weg. Wir fahren dorthin und nach der Aufnahme meiner Daten und einer kurzen Arztvisite erhalte ich ein Rezept, fahre zurück zur Apotheke und bekomme die Tabletten ausgehändigt. Um Viertel nach fünf wieder im Zimmer. Abends Spaziergang zum Boardwalk und zur Marina. Sehr gutes Essen in einem Restaurant mit Außenterrasse und Blick auf den Hafen und die Schiffe. Auf dem Rückweg in unser Hotel kommen wir an einem Straßenübergang vorbei, den Fußgänger mit roten Flaggen passieren sollen, die an beiden Seiten der Straße angebracht sind. Um die Straße zu überqueren, soll der Fußgänger eine Fahne aus der Halterung nehmen, diese schwenken, Sichtkontakt mit den Autofahrern aufnehmen, die Straße zügig überqueren und die Fahnen auf der anderen Seite wieder in den Fahnenhalter stecken. THESE FLAGS ARE HELPFUL TOOLS, BUT REMEMBER TO USE NORMAL CAUTION AND GOOD JUDGEMENT WHEN CROSSING THE STREET WITH OR WITHOUT A FLAG. Die Vorstellung, dass einst Kurt Cobain, als er in Olympia lebte, diese Straße mit einer roten Fahne in der Hand passiert haben könnte, ist wundervoll.

Dienstag, 22. Mai, Olympia/Fall City

Bis 8 Uhr geschlafen. Frühstück im Hotel und Schlendern durch die Stadt. Besuch der sehr guten

Buchhandlung Browser und des Comicshops Danger Room, hinter dessen Tresen eine dem Ladenbetreiber gewidmete Zeichnung vom *Simpsons*-Erfinder Matt Groening hängt. Danach suchen wir ein Geschäft für Künstlerbedarf auf, wo ich eine Verpackung für meinen *Love & Rockets*-Druck kaufe. Um 20 nach 12 verlassen wir Olympia und fahren direkt nach North Bend zu Twede's Café, der Kulisse für das *Double R Diner*. Für die dritte Staffel von *Twin Peaks* wurde das Café neu eingerichtet, sodass wir jetzt tatsächlich in der Originalkulisse sitzen. Auch andere *Twin Peaks*-Fans sind im Diner. Wir sind hungrig und bestellen zunächst einen Cheeseburger, hinterher trinken wir standesgemäß Kaffee und teilen uns einen Cherry Pie. Anschließend suchen wir mit dem Auto den Spot mit dem *Twin Peaks*-Ortsschild. Unsere Beschreibung ist vage, dennoch können wir den Ort nach einigen Mühen ausfindig machen. Fotos und weiter. Um kurz nach fünf kommen wir an unserer Unterkunft an, dem Roadhouse Inn, die *Twin Peaks*-Außenkulisse für das Roadhouse und die Bang Bang Bar. Auspacken, ausruhen und Candy Crush. Eine Partie Billard im Hotel und um halb sieben Erkundung der Gegend. Spaziergang zum Park, dabei entdecken wir mehrere Kreidetafelaufsteller, die für Wapiti-Fleisch und Spargel aus Yakima werben, der Geburtsstadt von Kyle MacLachlan, dem Hauptdarsteller der Serie. Spaziergang zum Park, danach Abendessen im Roadhouse, sehr gute Mac and Cheese. Im leer stehenden Saal im ersten Geschoss Billard und *FIFA 15* bis zum Rausschmiss. Fotos vor dem Haus und Eis und Kakao an der Tankstelle nebenan. Traurige Nachricht: Philip Roth ist gestorben.

Mittwoch, 23. Mai, Fall City/Snoqualmie

Um kurz vor 8 wach geworden. Kaffee und Mails. Ich generiere eine Datenschutzerklärung für meine Internetseite und baue sie ein, danach duschen und rasieren. Um Viertel vor 10 Frühstück im The Raging River Café, zwei Minuten vom Roadhouse Inn. Um kurz nach 11 Auschecken und Fahrt zum Picknick-Spot, an dem Laura und Donna das Video mit James gedreht haben. Ich mache ein paar Fotos und poste sie auf Instagram. Dann wieder nach North Bend. Wir essen ein Eis bei Dairy Freeze und ich fotografiere das *Twin Peaks*-Gefängnis und die Rückwand von Twede's Café mit dem Ortsschild-Gemälde. Anschließend zur Reinigs Bridge, die Eisenbahnbrücke, über die die blutverschmierte Ronette Pulaski nach ihrer Flucht lief. Hinterher zur DirtFish Rally School, einem Motorsportgelände, auf dem sich das Sägewerk und das Sheriff's Department aus *Twin Peaks* befinden. Wir sind erstaunt, wie dicht beieinander die verschiedenen Drehorte liegen. Im Internet hatten wir gelesen, dass die neuen Besitzer des Geländes *Twin Peaks*-Besucher nicht mögen, doch wir werden ausgesprochen freundlich empfangen und dürfen nicht nur außen Fotos machen, sondern auch innen – von Lucys Arbeitsplatz und dem Besprechungsraum mit dem Tisch voller Donuts. Begeistert fahren wir weiter zum Salish Lodge & Spa Snoqualmie, dem Hotel neben dem märchenhaften Wasserfall, der Außenkulisse des Great Northern. Dort komme ich zum ersten Mal in den Genuss eines Valet-Parkings, bei dem unser Auto von einem Hotelangestellten weggefahren wird, was sich für mich extrem seltsam anfühlt. Um Viertel vor vier beziehen wir unser Zimmer direkt über den Fällen. Im Preis inbegriffen ist eine Kaffeepackung der Marke TWIN PEAKS BLEND. Dark, Rich, Mysterious. *The »beans« may not be what they seem.* Spaziergang zu den Fällen, anschließend auspacken, Blog und Tagebuchnotizen. Die Menü-Karte der Salish Lodge bietet sogar Mahlzeiten für Hunde an.

        Donnerstag, 24. Mai, Snoqualmie/Vancouver (British Columbia)

Um 12 Uhr auschecken. Beim Rundgang über das Hotelgelände entdecken wir auf einem abgelegenen Parkplatz unser Auto, in dem am Innenspiegel eine interne Notiz des Hotels befestigt ist: Dirty. Tatsächlich haben wir das dreckigste Auto weit und breit. Die Hotelangestellten wollen sich damit wohl absichern, dass nicht sie für den Schmutz an unserem Wagen verantwortlich gemacht werden. Hinterher anstrengende Autofahrt nach Vancouver. Viele Autofahrer in British Columbia fahren wesentlich aggressiver und riskanter als im Rest von Kanada. Hungrig erreichen wir The Black Lodge, eines von zwei von *Twin Peaks* inspirierten Themenrestaurants in Vancouver. Der Laden ist ziemlich heruntergewirtschaftet und das Essen erbärmlich. Weiter zum Hotel. Um Viertel nach neun haben wir endlich unser Gepäck und alle Koffer ins Zimmer in den 15. Stock geschafft. Umwerfender Ausblick vom Balkon. Unter uns in der Bucht ankern viele Schiffe.

Freitag, 25. Mai, Vancouver

Um kurz vor 8 wach geworden. Kaffee und Computerkram mit Blick aus dem Hotelzimmer auf die Wolkenkratzer und die riesigen Berge dahinter. In einem Zeitungsartikel hatten wir gelesen, dass Vancouver die zweitteuerste Stadt der Welt nach Hongkong sei. Das kanadische Investorenprogramm vergab eine Zeit lang die Wohnrechte samt Staatsbürgerschaft an wohlhabende Immigranten, die in die Stadt kamen und damit auch in Immobilien investierten, allein 30.000 chinesische Millionäre hätten sich daraufhin in Vancouver niedergelassen und es gab eine lange Warteliste mit weiteren 80.000 chinesischen Millionären. Spaziergang zum Strand und Sushi zum Mittagessen. Danach in die Innenstadt bis nach Gastown. Die Zahl der Verrückten und Durchgedrehten in der Stadt ist enorm. Um halb vier wieder im Zimmer, müde und erschöpft.

Samstag, 26. Mai, Vancouver/Philadelphia (Pennsylvania)

Um 6 Uhr 30 Wecker. Um kurz vor 9 verlassen wir das Hotel und geben nach dem letzten Tanken den Mietwagen am Flughafen ab. Insgesamt sind wir 6.198 Kilometer gefahren, im Schnitt 213 Kilometer pro Tag. Die Gepäckaufgabe geht ebenso schnell wie die Passkontrolle. Schon um kurz vor 11 haben wir bei Burger King gegessen und uns bei *Tim Hortons* mit Proviant für die Flüge versorgt. Um 11 Uhr 25 Uhr Wechsel in die Flughafenbar und Platzierung an einem Tisch mit Blick auf einen Bildschirm, der das Champions-League-Finale zwischen Liverpool und Real Madrid überträgt. Die Reds spielen super – bis zur verletzungsbedingten Auswechslung von Mo Salah in der 30. Minute. In der Halbzeitpause beginnt das Boarding. Kurz nachdem ich im Flugzeug Platz genommen habe, fällt das 1:0 und wenige Minuten später tatsächlich der Ausgleich. Um auch in der Luft weiterlesen zu können, kaufe ich für sieben Dollar eine Stunde Internet. Nach dem ich es aktiviert habe, steht es 2:1 für Madrid und kurz danach 3:1. Das Spiel ist verloren. Tagebuch und Zeit totschlagen. Nach knapp drei Stunden Flug Landung in Minneapolis. Abhängen im Flughafen, nach knapp zwei Stunden Weiterflug nach Philadelphia, nach zweieinhalbstündigem Flug Landung. Die Zeitverschiebung beträgt drei Stunden. Wir holen unser Gepäck ab und schieben unsere Koffer ins Flughafenhotel. Um Mitternacht im Zimmer.

Sonntag, 27. Mai, Philadelphia

Um 8 Uhr Wecker. Ultramüde. Kaffee und langes Frühstück im Marriott-Restaurant. Um 12 Uhr Auschecken und mit einem Taxi nach Downtown ins Loews Philadelphia Hotel. In der Lobby warten wir, bis unser Zimmer bezugsfertig ist. David Lynch sagt, dass er als Kunststudent in Philadelphia alle seine späteren Phobien entwickelt habe: »Philadelphia, more than any filmmaker, influenced me. It's the sickest, most corrupt, decaying, fear-ridden city imaginable. I was very poor and living in bad areas. I felt like I was constantly in danger. But it was so fantastic at the same time.« Im Hotel ist wahnsinnig viel Betrieb. Ein Angestellter erzählt uns, dass allein an diesem Tag 15 Hochzeiten im Hotel stattfinden.

Montag, 28. Mai, Philadelphia

Um 12 Uhr schöner Hangout mit Frank und Torsten, danach treffe ich Alexandra und wir essen Phò in Chinatown. Hinterher Versuch eines Mittagsschlafs, was wegen der lärmenden Reinigungskräfte quasi unmöglich ist. Die Türen im Flur knallen im Minutentakt und bei jedem Knallen bleibt mir fast das Herz stehen. Kaffee und Schreibtisch. Um kurz nach sechs Spaziergang mit Alexandra zum Delaware River. Wir essen zum ersten Mal *Thai rolled ice cream* und verbringen den Abend mit Flippern und Ms. Pac-Man im Dirty Franks, »a local watering hole dating back to prohibition«.

Dienstag, 29. Mai, Philadelphia

Um 7 Uhr Wecker. Frühstück im Zimmer mit Kaffee und Brezel. Schreibtisch, E-Mails und Arbeit an der Hotlist-Bewerbung. Um halb zwei verlasse ich das Hotelzimmer und spaziere Richtung Süden. Ich esse Sushi in einem günstigen Schnellimbiss, danach schlendere ich durch die hübschen Straßen und besuche einige Buchhandlungen und Comicshops. Vor dem Eingang des Pennsylvania Convention Centers bewundere ich eine Karaoke-Live-Aufführung des Liedes *Use ta Be My Girl*, einem Klassiker des Philly Souls der Siebzigerjahre. Um Viertel nach vier zurück im Hotel mit zwei Büchern von Chris Kraus und Eileen Myles.

Mittwoch, 30. Mai, Philadelphia

Um halb 7 Wecker. Ich habe eine leichte Magenverstimmung. Ich schreibe eine E-Mail, danach lese ich Chris Kraus. *Aliens & Anorexia* rettet mir den Morgen. Schlaf, hinterher ziehe ich mich an und verlasse das Hotel. Bei 7-Eleven kaufe ich mir eine Brezel, danach schlendere ich zum Love-Park und schaue mir anschließend die Pennsylvania Academy of Arts an, an der David Lynch studiert hat. Um kurz nach drei wieder im Zimmer. Schreibtisch, Tagebuch und lesen. Auf Wikipedia entdecke ich einen interessanten Hinweis: »Bis in das 18. Jahrhundert hinein war für den Autor von Romanen die Bezeichnung Romanist reserviert [...] Romanist hatte einen stark abwertenden Beigeschmack für Personen, die ihr Geld im Skandalgeschäft mit Texten verdienten, von denen ein guter Teil erfunden, anderes dagegen in skandalöser Weise wahr sein konnte, und die sich jederzeit bei Klagen gegen ihre Schreibart darauf zurückzogen, doch ›nur‹ einen Roman, eine freie Erfindung geschrieben zu haben.« Dann weiter Chris Kraus. Es ist ein wahnsinnig tolles Buch und ich kann kaum aufhören mit dem Lesen.

Freitag, 1. Juni, Philadelphia/Toronto

Zum Mittagessen eine Bowl in einem Bio-Restaurant namens Naked Lunch, danach mit dem Taxi und unserem Gepäck zum Flughafen. Problemloses Einchecken. Wir sind viel zu früh da. Arbeiten am SUKULTUR-Shop und Kategorisierung von 30 Leseheften. Der Abflug unserer Maschine verspätet sich. Erst um 30, dann um 60, schließlich um 90 Minuten. Dann dürfen wir endlich in die Maschine, stehen aber bestimmt noch weitere 30 Minuten auf dem Rollfeld. Nina hat erzählt, dass die amerikanischen Fluggesellschaften ihre Passagiere immer ganz früh das Flugzeug betreten lassen, auch wenn sich der Abflug noch lange hinzieht, denn das Warten im Flugzeug gilt in Amerika nicht als Verspätung. In Toronto dauert die Einreisekontrolle nach der Landung dieses Mal schier endlos. Als wir um 22 Uhr an der Reihe sind, ist die Halle, die zuvor mit Wartenden überfüllt war, fast leer. Milchkauf, dann mit einem Taxi in unsere Übergangswohnung für die letzten dreieinhalb Arbeitswochen in Toronto.

Donnerstag, 7. Juni

Im *Guardian* lese ich, dass ein Obdachloser jahrelang in einer *Tim Hortons*-Filiale in Vancouver gelebt habe und dort nun auch verstorben sei.

Freitag, 22. Juni

Am Nachmittag fahren wir zur Keele Street, essen ein Eis bei Dairy Queen und betreten pünktlich um 18 Uhr zur Ladenöffnung zum letzten Mal Cabin Fever, einen unserer Lieblingsorte in Toronto. Flippern und Bier zu grandioser Musik, am Ende rührseliger Abschied von der Besitzerin des kuscheligen Kneipenplattenladens mit sechs Flippern. Ich erzähle ihr, dass ich Schriftsteller bin und ihr Lokal der Haupthandlungsort meines nächsten Romans sei. *Goodbye, Cabin Fever!* Ich werde dich vermissen.

Dienstag, 26. Juni, Toronto, Bonn

Während im Stream die Männer-Fußball-WM läuft, packen wir die letzten Dinge ein und ich beginne, unsere sechs pickepackevollen, schweren Koffer die Treppen hinunterzutragen – plus unser Handgepäck. Schon zehn Minuten früher als bestellt steht das Großraumtaxi vor der Tür und der Fahrer hilft mir, die Koffer zum Auto zu tragen. Im Feierabendverkehr zum Flughafen. Unterwegs erfahren wir, dass unser Flug am Abend bereits verspätet ist und statt um 19 Uhr 50 erst um 21 Uhr 10 starten soll. Um 17 Uhr am Flughafen. Das Einchecken geht erfreulich schnell. Wir lassen uns ein Restaurant im Flughafen empfehlen und essen dort einen guten und günstigen Falafel-Teller, dazu trinkt Alexandra ein Glas und ich zwei Gläser Bud Light, die jedes genauso viel kosten wie unser Essen. Hinterher fahren wir mit einem Bus zu unserem Abfluggate und warten in einer Halle mit wenigen Sitzplätzen und Steckdosen. Da wir einen Zuschlag von 50 Euro bezahlten, dürfen wir als Premium-Class-Kunden als Erstes in das Flugzeug steigen, ein zusätzliches Gepäckstück bei uns führen und bekommen zwei Sitzplätze mit mehr Beinfreiheit. Nachdem wir uns hingesetzt haben, schlucken wir beide zwei Melatonin-Tabletten. Während des Flugs schlafe ich die meiste Zeit. Alexandra weckt mich nur, wenn es etwas zu essen gibt.

Mittwoch, 27. Juni, Bonn

Ein problemloser, trotz Premium Class erstaunlich unbequemer Flug. Der Ausstieg, die Ausweiskontrolle und Gepäckabholung gehen dafür rasend schnell. Um kurz vor zwei kommen wir in der Übergangswohnung in Beuel an. Kurzer Schlaf und Tee, um 16 Uhr Fußball-WM im Fernsehen. Deutschland verliert mit 0:2 gegen Südkorea und scheidet als Gruppenletzter aus.

Marc Degens ist Schriftsteller und Programmleiter des SUKULTUR Verlags. Er veröffentlichte bislang vier Romane, zuletzt *Das kaputte Knie Gottes* und *Fuckin Sushi* sowie seine armenischen Aufzeichnungen *Eriwan*. Seine Romankolumne *Unsere Popmoderne* erschien in der *FAZ* und in *Volltext*. 2014 erhielt er den Hugo-Ball-Literaturförderpreis. Nach Jahren in Armenien und Kanada lebt er jetzt in Hamburg.
www.mdegens.de